Inspiration

Challenge for
the Unlimited Possibilities! CUP

개인의 취향은
어떻게 영감이 되는가

영감으로 밥벌이하는 사람들

GILSTORY

Publisher's Message

『CUP vol.1』에는 다양한 예술인들과 만나서 나눈
영감을 얻는 이야기와 온기를 담았습니다.

길스토리 대표 **김남길**

QR 코드를 스캔하여 길스토리 김남길 대표의 발행인 메시지를 만나보세요.

Editor's Letter

함께 길을 걷다 만난 10인의 크리에이터를 인터뷰하고,
그들이 만들어 내는 크리에이티브의 원천인
'영감(Inspiration)'에 관한 이야기를 『CUP』에 담았습니다.

홈페이지(cupbook.kr)에서는 길스토리 프로보노 9인의
'영감'에 대한 공통 인터뷰도 만나볼 수 있습니다.

마음을 사로잡는 예술 작품을 발견하거나 예술가들과 만나 이야기를 나누다 보면, 크리에이티브를 만들어 내는 '영감'의 원천이 무엇일까 무척 궁금해질 때가 많았습니다. 예술가에게는 '영감'을 주는 뭔가 특별한 것이 있는지, 예술적 창조를 가능하게 하는 것은 무엇인지, '영감'을 받아야만 창작을 할 수 있는 것인지... 그들이 창작한 작품 안에는 아무도 알 수 없는 크고 비밀한 것이 있지 않을까 생각했습니다.

그래서 그분들에게 '영감'을 받은 특별한 순간이 있었는지 질문을 했습니다. 그 '영감'으로 창작한 작품도 소개해 달라고 했습니다. 그렇게 시작한 인터뷰에서는 거창하진 않지만 솔직하고, 보통의 저와 다르지 않아서 오히려 흥미로운 이야기가 펼쳐졌습니다. '영감'은 개인의 취향일 수도 있고, 일상에서 순간순간 느끼는 감정일 수도 있다고 합니다. 오랜 시간 동안 축적한 경험의 산물이 '영감'이라고도 하고, '영감'이 떠오르면 밥벌이의 고통이 시작된다고도 말합니다.

그렇게 『CUP vol.1』은 크리에이터들의 평범한 것 같지만 그렇다고 평범하다고만은 할 수 없는, 나도 한 번쯤 겪었을 수도 있을 법한 이야기들을 들려줍니다. '영감'으로 밥벌이하는 사람들의 '개인의 취향은 어떻게 영감이 되는가'에 대하여 인터뷰를 시작합니다.

Editor-in-chief
길스토리 부대표 **금윤경**

CUP vol.1
개인의 취향은 어떻게 영감이 되는가

Contents

Publisher's Message

Editor's Letter

Interview

강백수.	문학과 음악, 그리고 공감의 요정	026
최 별.	미숙한 답으로 건네는 응원	052
박소희.	함께하는 순간으로부터 얻는 영감들	098
하민아.	행복을 그리는 꽃 한 송이	132
문일오.	영감의 턴테이블	160
손화신.	솔직한 사람의 자문자답	186
조영준.	고요하고 아늑한 세계, 그만의 작은 영화관	210
조혜영.	세상과 소통하는 감수성	238
황순규.	꼭 하고 싶은 말들이 만든 세상	266
김남길.	'함께' 걸어가고 싶은 마음	292

Photo by Jeon In-jae

inspiration

inspiration

inspiration

Photo by Jeon In-jae

inspiration

Photo by Jeon In-jae

inspiration

inspiration

CUP Challenge for the Unlimited Possibilities!

Interview

개인의
취향은 어떻게
영감이 되는가

Inspiration

01

Inspiration | 강백수

CUP

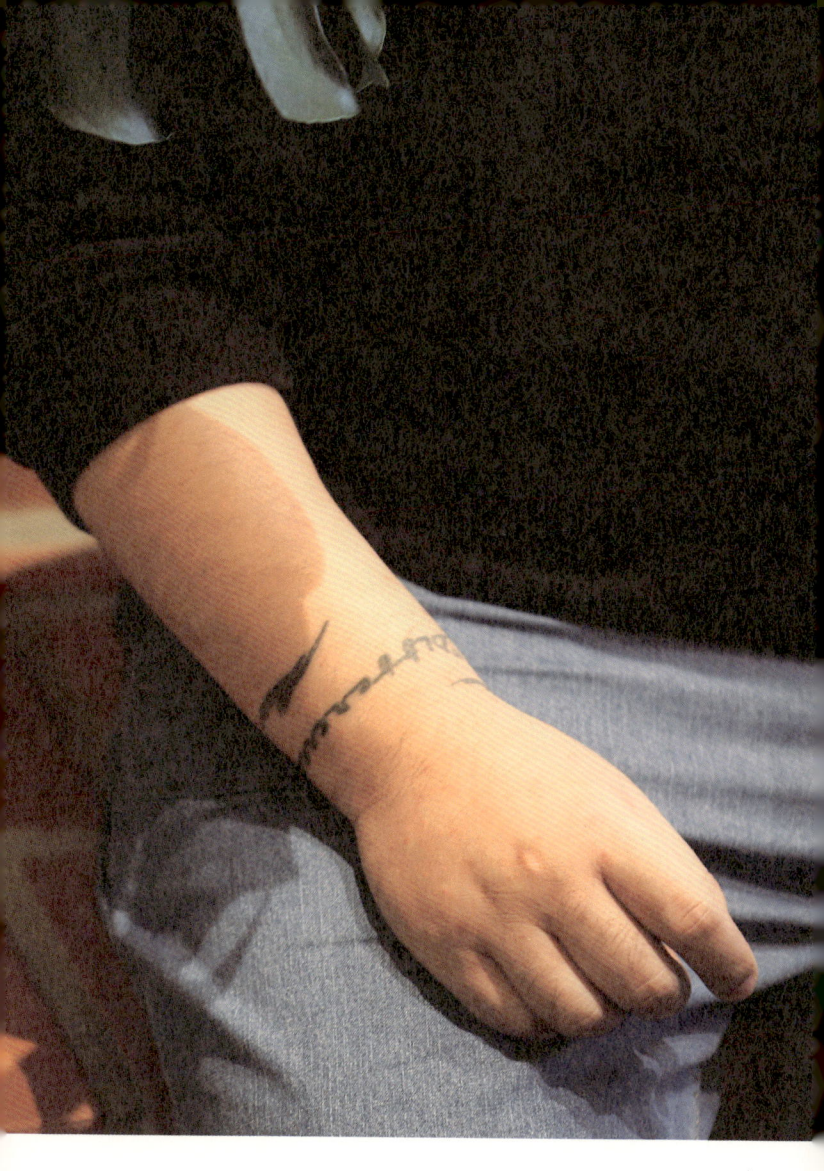

강백수.

문학과 음악,
그리고
공감의 요정

Prologue.

강백수의 노래는 담백하다. 현실적이고 직선적인데 짠하다. 낄낄대며 듣다가 갑자기 코끝이 찡해져서 민망해진다. 싱어송라이터이자 시인인 강백수는 꼭 자기 노래를 닮았다. 그야 당연한 말이겠지만, 아무튼 그는 그런 사람이다.

2008년 계간 『시와 세계』를 통해 등단하고, 2010년 <노래, 강을 건너다>를 발표하며 가수로 데뷔한 강백수. 최근작으로는 2021년 2월 발매한 정규 3집 앨범 <헛것>이 있다. 시와 노래 외에도 산문집 『서툰 말』『사축일기』『몸이 달다』를 출간했다.

강백수밴드의 리더이자 보컬이며, 1인 기획사 강백수문화사를 운영하고 있기도 하다. 게다가 학부에 이어 국어국문학 박사과정을 밟고 있다고 하니 학구열까지 엿보인다. 백수란 이름은 뻔뻔한 농담인 듯하다.

그는 매번 자신을 '문학과 음악의 요정'이라고 소개한다. 그러나 그의 글과 노래들은 자기소개처럼 마냥 깜찍하지만은 않다. <타임머신>이란 그의 대표곡을 들어보시라. 울지 않고 이 곡을 들을 수 있는 자 누구란 말인가. 덤덤하게 사람 울리는 데는 아주 타고났다.

익을 대로 익은 단풍잎이 비로소 떨어지기 시작하던 날, 서울 마곡동의 한 카페에서 반전 매력으로 가득한 가수 강백수를 만나 이야기를 나눴다.

INTERVIEWER 손화신 | PHOTOGRAPHER 김형석

최근에 마친 공연의 소감이 궁금합니다. 코로나 영향으로 무대에 서지 못하다가 정말 오랜만에 재개한 공연이었다고 들었어요.

─── 보통의 사람들에게 토요일 저녁이 얼마나 값지고 중요한 시간인지 알기 때문에 그 시간을 내서 나를 보러 와 준다는 것에 감격스러운 마음이 항상 있어요. 그런 마음으로 몇 달씩 버텨내곤 하는데, 이번에는 공백이 길어지다 보니까 심적으로 힘들기도 했어요. 이전처럼 재밌게 공연을 할 수 있을까, 감이 떨어지진 않았을까 하고 걱정했는데 다행히 그렇진 않아서 즐겁게 공연했습니다.

팬들로부터 에너지도 많이 얻었을 것 같은데요.

─── 공연에 오신 제 팬들의 절반 정도는 얼굴도 알고 이름도 알거든요. 서로 잘 지내고 있는 모습에 안도했던 것 같아요. 원래는 공연이 끝나고 팬 카페 회원들과 뒤풀이를 하는데 이번엔 코로나 때문에 그럴 수 없어서 아쉬웠어요.

강백수에게 관객이란 어떤 의미인가요?

─── 관객과의 만남이 저한테는 연료 같은 역할을 합니다. 창작은 제가 하지만 창작을 할 수 있는 에너지는 관객에게서 얻는 것 같아요.

'힘들었던 시절에 그래도 강백수 노래가 있었지' 하는 이야기를 들을 수 있다면 더없이 좋겠습니다.

시나 에세이도 쓰시는 걸로 알고 있습니다. 노래 가사를 쓸 때와 시를 쓸 때 영감을 어떻게 얻고 있나요?

─── 노래나 시 모두 일상에서 영감을 얻고 있다는 건 동일한데요, 노래를 만들 때는 내 감정을 같이 공감할 수 있는 이야기들에 초점을 맞춥니다. 아무래도 노래는 대중예술이니까요.
시는 일상 속에서 약간 비일상적인 광경을 목격했을 때 더 많이 쓰게 되는 것 같습니다. 예를 들면, 모두가 바쁘게 일하는 시간에 모두가 바쁘게 일하는 동네에서 편의점에 앉아서 막걸리를 마시고 있는 아저씨라든가, 은행에서 행패를 부리다가 쫓겨나는 할아버지를 봤을 때처럼요.

강백수의 노래는 일상적인 이야기를 담담하게 풀어내는 데서 탁월함을 보입니다. '사람에 대한 연민'으로 곡을 쓴다고 인터뷰에서 말한 적 있는데, 그렇게 만드신 곡이 있나요?

─── 어느 날 종로에 가서 학교 선배를 만나 같이 점심을 먹었어요. 청계천변이 직장인들로 엄청 북적였죠. 밥을 먹던 사람들이 어느 순간 일제히 커피를 들고 걷다가 오후 1시가 되니까 아무 일도 없었다는 듯 그 인파가 싹 사라져 버리는 거예요. 그 광경을 보고 쓴 게 〈오피스〉라는 곡입니다. 짧은 시간이나마 봄을 즐겨보려는 사람들의 애처로움에

대해 노래했어요. 연민이라면 연민이고, 공포이기도 하고, 한편으로는 재미있기도 한, 다양한 생각을 일으키는 것들을 소스 삼아 가사를 만들고 시도 씁니다.

강백수가 만든 노래는 주로 무엇에 대해 이야기하나요?

─── 사랑과 이별 이야기가 절반 정도 되는 것 같고, 사는 이야기가 절반쯤 되는 것 같습니다. 27살에 냈던 1집 앨범에서는 제 이야기만 썼는데도 사람들에게 공감이 됐어요. 왜냐하면 남들과 똑같이 살아왔기 때문에 제 이야기만으로도 공감을 받을 수 있었거든요. 그런데 제가 30대로 접어들면서 대다수 사람들과 제 생활 사이에 거리가 생기는 느낌이 들었습니다. 저는 평일 낮에도 집에 있으면서 곡 쓰며 빈둥거리기도 하고 또 무대 위에서 공연하면서 돈을 버는 직업을 갖고 있지만, 대다수 사람들은 저와 같은 생활을 하고 있지 않잖아요. 그래서 제가 겪은 것에서 제가 바라보는 것으로 이야기가 넓어지는 것 같습니다.

사는 이야기를 가사로 풀어낼 때도 사회를 바라보는 시선을 노래에 많이 담아내고 계신 것 같습니다. 그런 곡을 하나 소개해주세요.

─── 최근에 발매한 〈아가야〉라는 노래가 있는데요,

사람들의 희로애락이
엇비슷하다는 것,
거기서부터 출발하는 게
시대정신이 아닐까요.

흙수저·금수저라는 말들에서 영감을 얻어서 쓴 곡입니다. 사람이 처한 환경에 따라 꿀 수 있는 꿈의 범위가 한정된다는 인상을 받았어요. 가난한 집에서 태어난 아이는 모든 것이 갖춰진 부잣집에서 태어난 아이에 비해서 큰 꿈을 꿀 수 있는 자격 같은 게 주어지기가 쉽지 않잖아요. 그래서 가사에선 아예 '커다란 꿈을 갖지 말고 살라'고 반어법으로 이야기했습니다.

시대정신이 깃든 노래를 많이 만드시는 것 같아요. 싱어송라이터로서 곡을 쓸 때 영감은 주로 어디에서 얻나요?
―― 최근에는 친구들과 나누는 대화에서 영감을 얻는 것 같아요. A라는 친구를 만나서 나눈 대화를 B라는 친구를 만나서도, C라는 친구를 만나서도 똑같이 나누게 되는 것에서 공통된 무언가가 우리에게 있음을 느낍니다. 사람들의 희로애락이 엇비슷하다는 것, 거기서부터 출발하는 게 시대정신이 아닐까 생각합니다.

그렇다면 친구들의 이야기가 영감이 되어서 탄생한 노래가 있나요?
―― 〈집에 가고 싶다〉가 그런 곡입니다. 친구들이 일과 시간에 단톡방에서 다들 '집에 가고 싶다'고 하기에 이 곡을

만들었는데 예상치 못하게 군부대에서 이 노래가 터졌어요. 유튜브 조회수가 꽤 높습니다. 알고 보니, 군부대마다 인공지능 스피커가 있는데 거기다 대고 군인들이 '집에 가고 싶다'는 말을 정말 많이 하고, 그럴 때마다 제 노래가 나온다는 거예요. 유튜브 댓글을 보면 장병들이 마치 성지 순례를 하듯 찾아와서 자신의 전역까지 남은 디데이를 달아놓고 가고 그럽니다.

노래를 만드는 과정이 궁금합니다.
────── 저는 노래의 코어가 될 수 있는 문장이나 말들을 메모해 두었다가 오랫동안 그 말을 곱씹습니다. 예를 들어 "집에 가고 싶다"만 딱 적어놓고 '그렇다면 집에 가서 무엇을 하고 싶은가'라는 생각으로 이어가면서 가사를 만들어요. 그렇게 나온 가사에 멜로디와 코드를 붙이고 있습니다.

노래를 만들고 부르는 사람으로서 본인의 역할은 무엇이라고 생각하나요?
────── 이건 예전부터 갖고 있는 생각인데, 사람한테 어떤 문제가 생겼을 때 세 종류의 친구가 필요하다고 봐요. 해결책을 제시해줄 친구, 그 문제를 잊어버릴 수 있게끔 즐겁게 해줄 친구, 그 문제에 깊이 공감해줄 친구요. 저는 성격상

제가 가장 잘할 수 있고, 또 제 음악이 가장 잘할 수 있는 것은 언제나 공감인 것 같습니다. 그 다음으로는 고통을 잊을 수 있게끔 신나는 노래를 하려고 합니다.

강백수의 노래가 누군가에게 분명 영감을 줄 텐데, 그 사람이 무엇을 느끼거나 얻었으면 좋겠나요?
──── 동질감을 느꼈으면 좋겠어요. 가령 〈런닝맨〉이란 제 노래는 분명 열심히 일은 하고 있는데 자꾸만 어딘가 헛헛한 기분이 드는 사람의 마음을 이야기하고 있어요. 비슷한 감정을 느끼는 사람들이 제 노래를 듣고서 '아, 이것이 비단 나만의 문제가 아니구나. 누구나 겪는 일이구나' 하고 느껴준다면 좋겠어요. 덧붙여 '그렇다면 내가 잘못된 게 아니구나' 또는 '내 탓이 아니구나' 하고 연결하여 생각할 수 있게 되길 바랍니다.

본인 노래에 달린 댓글 중에 가장 인상 깊었던 말은 어떤 것인가요?
──── '내 이야기 같아서 소름 돋는다'는 말이 언제나 가장 기분 좋게 들립니다. 음악 잘하는 사람도, 좋은 곡들도 세상에 많은데 '이건 내 이야기 같아' 하는 피드백을 듣는 노래는 흔치 않으니까요.

'세상 하늘 아래 나만 왜 이래' 하는 생각이 들 때 들으면 좀 위안이 될 수 있는 그런 노래를 만들어서 들려드리고 싶어요.

앞으로 해보고 싶은 작업이 있으신가요?

─── 제 노래로 뮤지컬을 만들고 싶어요. 나와 비슷한 세대의 전형적인 인물을 그려보고 싶거든요. 남들 하는 만큼의 사랑을 하고, 남들 고민하는 만큼의 고민을 하고, 남들 지질한 만큼 지질한 그런 인물이요. 한 10년 더 노래하면 뮤지컬을 만들 기회가 오지 않을까요.

세대의 정서를 대표하는 가수라고 불리는데요, '이 곡이야말로 우리 세대의 정서를 대표하지'라는 말을 듣고 싶은 본인의 곡 하나를 꼽는다면요.

─── 〈타임머신〉이라는 노래입니다. 노래의 가사를 보면 IMF를 겪은 부모 세대의 좌절도 있고, 부동산 버블에 대한 이야기도 있지만 그런 것들이 중심 소재는 아닙니다. 가족의 이야기를 하다 보니 자연스럽게 나오게 된 이야기들이에요. 이 노래처럼 사람 사는 이야기 속에서 자연스럽게 시대적 이야기를 꺼내는 작품을 만들고 싶어요.

'나에게 노래란 OOO이다'라고 정의해본다면.

─── 질리지 않는 유일한 놀이.

나의 노래를 사랑해주는 음악팬들에게 앞으로 어떤 노래를 선물하고 싶으신지요.

─── '세상 하늘 아래 나만 왜 이래' 하는 생각이 들 때 들으면 좀 위안이 될 수 있는 그런 노래를 만들어서 들려드리고 싶어요. '힘들었던 시절에 그래도 강백수 노래가 있었지' 하는 이야기를 들을 수 있다면 더없이 좋겠습니다. 어떤 시기를 버텨내는 데 도움이 되는 음악을 하고 싶습니다.

Epilogue.

강백수를 인터뷰하며 부러웠던 게 있다. 자신이 노래하는 이유, 자신의 노래가 지닌 가치를 분명하게 알고 있다는 점이 그것이었다. 그는 자기가 어떤 노래를 하고 싶고, 어떤 노래를 해야 하는지를 알고 있는 사람이다.

그러므로 강백수는 웃픈 삶을 견뎌내고 있는 자기 세대의 보통의 존재들에게 한결같이 말하고 또 말하고 있는 것이다. 너만 그런 게 아니라고. 나도 그렇다고. 우리 다 그렇다고... 그래서 그런가 보다. 그의 노래를 듣고 있으면 힘든데도 마음 정겹고, 외로운데도 가슴 한구석이 어쩐지 후끈하다. 일상 속에서 가끔 그의 노랫말을 곱씹으면서 나는 그렇게 울며 웃으며 평범하게 내 삶을, 이 시대를 살아갈 것이다.

CUP Challenge for the Unlimited Possibilities!

Interview

개인의
취향은 어떻게
영감이 되는가

Inspiration

02

Inspiration | 최별

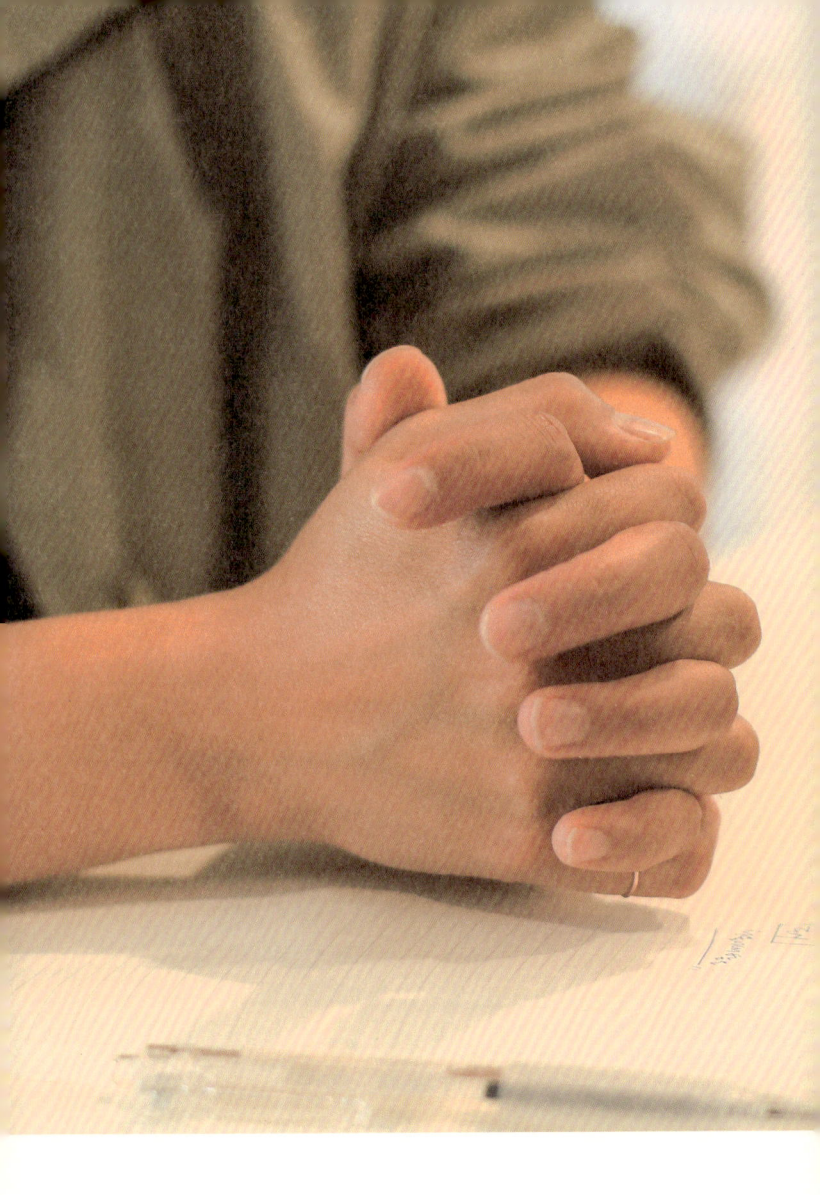

최별.

미숙한
답으로 건네는
응원

Prologue.

전라북도 김제의 폐가를 구입해 유튜브 채널을 운영하고 있는 PD가 있다. '오늘을 사는 어른들'이라는 의미를 가진 '오느른' 채널. MBC 소속의 최별 프로듀서가 자신의 삶에 대한 생각과 고민을 녹여 만든 콘텐츠다. 사실 처음에는 그저 300평에 4500만 원을 주고 샀다는 폐가를 멀쩡한 집으로 고쳐가는 과정을 담아내는 채널인 줄 알았다. 힐링 콘셉트에 맞춰 시골의 풍경과 전원생활을 그려내는 평범한 콘텐츠 말이다. 그녀가 '오느른 오, 피스'라는 카페를 열어 조용하던 마을에 활기를 불어넣고, 시골의 작은 골목길에서 세계적인 피아니스트 유키 구라모토와 연주회를 열 것이라고 누가 상상이나 했을까. 그녀는 마을 주민들과 함께 쌀농사까지 지으며 혼자가 아니라 더불어 사는 일의 의미까지 되새기게 하고 있다. 이 채널은 큰 영감이 있어야만 첫발을 내디딜 수 있는 것은 아니라는 최별 프로듀서의 삶에 대한 생각과 고민을 녹여 만든 콘텐츠다. 정답을 보여줄 수는 없지만, 미숙한 답을 내리며 살아가는 누군가가 여기에도 있다는 걸 이야기해 주고 싶다는 사람. 그녀가 들려주고 싶은 다음 이야기는 무엇일지 궁금하다.

INTERVIEWER 조영준 | PHOTOGRAPHER 김형석

간단한 자기소개를 부탁드리겠습니다.

─── '오느른'이라는 채널을 운영하고 있는 프로듀서이자 유튜버이기도 하고요. 프로듀서와 유튜버로 동시에 활동하는 PD가 몇 안 되는 걸로 알고 있는데, 운 좋게 1년 넘게 이렇게 일을 하고 있네요. 유튜브 채널 '오느른'의 배경이 되는 김제에는 원래 쉬러 내려갔었는데요. 이제는 어느 정도 충분히 쉬었다는 생각이 들어서 하고 싶은 이야기로의 전환을 시도해 나가고 있습니다.

어떻게 PD가 되셨나요?

─── 항상 하고 싶은 이야기가 있었고 관심이 가는 주제가 있었는데, 그 이야기를 효과적으로 퍼뜨릴 수 있는 방법이 방송이 아닐까 하고 생각했었죠.
방송국을 생각하면 기자, 아나운서, PD가 먼저 떠오를 텐데요. 그중에 아나운서는 대학생 때 말하기 수업 선생님이 안 된다고 하셔서 처음부터 포기했고요. (웃음) 기자도 성격상 제가 버티기 힘들 거라는 이야기를 많이 들어서 남는 게 PD밖에 없었어요. 마지막 남은 PD도 어떻게 하면 될 수 있는지를 몰라서 포기할 뻔했다가, 우연찮게 학과 사무실에 붙은 다큐멘터리 조연출 모집 공고를 보고 시작하게 됐어요. 외주 제작사에 처음 들어가게 된 거죠.

내가 지금 있는 공간이나 삶 속에도 나름의 의미가 분명히 존재한다는 걸 느끼셨으면 좋겠어요. 또 그게 위로가 됐으면 하는 마음도 있고요.

PD가 되어보니 생각했던 대로의 삶이 계속되던가요?

─── 제가 PD가 되고 싶었던 이유는 하고 싶은 이야기를 스스로 기획해서 직접 만들어보고 싶었기 때문인데요. 막상 방송국에 들어오고 보니 방송국 PD의 일은 그런 게 아니더라고요. 정해진 프로그램과 포맷 안에서 제가 가진 능력으로 효과적이고 또 효율적으로 프로그램을 만들어 내는 것, 그게 방송국 PD의 역할이라는 걸 알았을 때 '내가 생각했던 것과는 조금 다른데?' 하면서 조금 아쉬웠어요.

그런데 '다들 꿈꾸는 직업이니까 괜찮지 않나?' 하는 생각도 하고, '이게 과연 내가 원하던 일이 맞나?' 하는 생각도 하고, '이제는 내가 하고 싶은 이야기를 하고 싶은데?' 하는 생각까지 들면서 진로에 대한 고민이 시작되었던 것 같아요. '오느른'이라는 채널을 하기 직전의 이야기이죠.

꿈꾸던 직업을 갖게 되긴 했지만 제 생활이 사라졌다는 생각이 들었어요. 저녁 7시 퇴근이 진짜 일찍 퇴근하는 거였거든요. 직장과 5분 거리에 있는 집에 와서 씻고 뭐 하고 하면 저녁 9시인 거예요. 그때 치킨을 시키고 그 치킨 먹다 잠든 저를 발견했을 때 이게 과연 좋은 삶인가, 이렇게 사는 게 맞나 하는 의문이 들었어요. 20대에는 꿈을 이루고 하고 싶은 일 하는 사람이 부러웠다면, 30대가 돼서는 '이렇게 사는 게 맞나?' 하는 고민이 찾아왔던 거죠.

그래서 '내가 삶의 균형을 잃은 것 아닐까?' 하는 고민까지 하게 되었던 것 같아요.

PD가 되고서 가장 기억에 남는 것이 있다면요?
───── '오느른'인 것 같아요. 제가 어렸을 때 어머니가 돌아가셔서 마음이 힘들었거든요. 20대 초반엔 그 이야기를 언젠가 다큐멘터리로 만들어서 제가 극복해서 잘 살고 있다는 것을 사람들에게 말해줘야지 하고 막연히 생각했었어요. 그러다 PD가 되고 일상을 살면서 완전히 잊고 있었죠.
근데 '오느른'을 한창 연재하고 지내던 어느 날 문득 '아, 이게 그건가' 하는 생각이 드는 거예요. 평범한 일상을 이야기하는 것으로 사람들과 소통할 수 있고, 사람들이 거기서 위로를 받는다는 말을 들었을 때 PD가 되길 잘했다고 생각했어요.

그래서였을까요? 폐가를 하나 구입해서 전북 김제로 내려가셨어요. 이제는 꽤 많이 알려진 이야기인데요. 지금 운영하고 있는 유튜브 채널 '오느른'과도 이어지는 이야기입니다. 그때의 이야기를 조금 들어볼 수 있을까요?
───── 저는 '내가 좋아하는 주거환경은 뭐지?', '나는 어디서 살고 싶지?' 같은 고민을 끊임없이 했던 것 같아요.

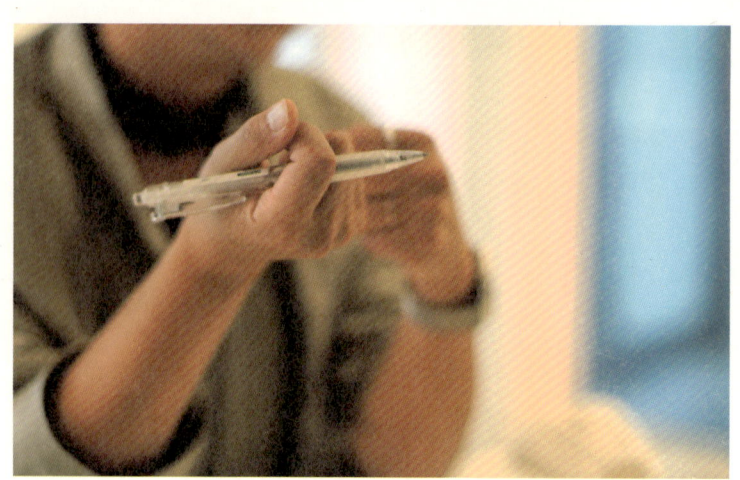

저도 처음에는 서울에서 출퇴근을 해야 하고 오래된 집을 좋아하기도 해서 종로구에 있는 오래된 빌라를 봤거든요. 근데 회사 선배들이 정신 차리라고, 차라리 아파트를 사라고 하는 거예요. 근데 제가 아무리 대출을 받아도 아파트를 못 사겠더라고요. 그래서 우울하게 보내던 중에 시골집을 알아봤던 것 같아요.

유튜브를 통해서 '4500만 원에 300평'이라는 썸네일의 영상을 만나게 된 게 시작이었어요. 어딘지는 아직 안 나오는데 일단 너무 괜찮잖아요. 그래서 '어디지?' 하면서 영상을 다시 봤는데 집으로 들어가는 길에 평야가 보이는 거예요. 그래서 뭐 이런 데가 다 있나 싶어서, 친구랑 그냥 여행 삼아 갔어요. 막상 도착해서 보니 평야라 그늘진 데 없이 계속 해가 들어와서 따뜻한 느낌이 들어 너무 좋은 거예요. 한참을 그 폐가에 앉아 있다가 돌아왔어요.

사실 처음에는 크게 욕심이 없었어요. 가계약을 하기는 했지만, 그 돈은 거의 버린다고까지 생각하기도 했었고요. 그런데 서울 집에 돌아와서도 계속 생각이 나더라고요. 제가 4살 무렵에 가족이랑 남양주 수동에 살았는데 그때 살았던 집이 지금 김제 집하고 닮았어요. 제 마음속에는 그때가 우리 가족의 리즈 시절로 남아 있어서 무의식적으로 닮은 집을 찾은 게 아닐까 하는 생각도 들어요.

모두가 같은 취향으로 묶여 함께 어떤 사고를 친다는 일이 얼마나 멋있는 일인지에 대한 이야기를 하고 싶어졌던 것 같아요.

또 한편으로는 '나는 어릴 때부터 꿈꿔왔던 일을 직업으로 하고 있는데도 이 정도의 마음인데 어지간한 직장인들은 다 회사를 때려치우고 싶지 않을까?' 하는 생각도 들었고요. (웃음) 그러면서 어쩌면 이게 좋은 콘텐츠가 될 수도 있겠다는 생각까지 하게 되었던 것 같아요.

유튜브 채널에 담긴 많은 이야기들을 오늘 이 자리에서 모두 나눌 수 없는 게 참 아쉬울 따름인데요. 그렇게 향하게 된 김제에서의 삶에서 바뀐 것들이 있을까요?
──── 유튜브 채널을 2년 가까이 운영하다 보니 최근에는 피로감도 많이 쌓여 있는 게 사실이거든요. 그런데도 아직 그곳이 좋은 이유는 우선 집으로 향하는 길에 아무런 간판이 없다는 거예요. 그리고 다른 사람들이 어떻게 사는지를 보면서 집에 갈 수 있다는 점. 집 마당마다 그 사람들이 사는 모습이 다 보이거든요. 그렇다 보니 저도 밖에 나갈 때면 옷을 어떻게 입을까 하는 것보다 우리 집 마당은 지금 어떤가를 더 신경 쓰게 되는 거죠. 여기에서는 그런 것들이 그 사람이 잘 살고 있는지 아닌지의 척도가 되는 것 같아요.
또 다른 하나는 그냥 고개만 들면 하늘이 보이고, 편하고 조용하다는 거? 정말 제가 일부러 말을 안 하면 너무 조용하다 싶을 때도 있어요. (웃음)

그런 환경이 서울에서는 거의 없었던 것 같아요. 서울에서는 제가 진짜 외로움을 잘 안 타는 줄 알았거든요? 그런데 거기 가서 그렇게 동떨어져 있다 보니까 제가 외로움을 타는 사람이라는 것도 인정하게 되더라고요. (웃음)

저희 채널 '오느른'을 보시는 분들은 아시겠지만, 제가 언제까지나 거기서 살 거라고는 장담하지 못해요. 거의 하루살이같이 김제와 서울을 오가며 직업적인 수명을 연장하고 있거든요. 저도 모르는 순간에 갑자기 서울로 돌아오게 될지도 모르지만, 여기에서 건강하게 사는 법을 잘 훈련해서 돌아가야지 하는 마음으로 김제에서의 삶을 이어가고 있는 것 같아요.

채널 '오느른'에는 함께 등장하는 동네 어르신들의 역할이 중요한 것 같아요. 그분들과 새로운 관계를 만들어가는 과정 또한 쉽지 않으셨을 것 같습니다.

───── 아빠가 만화가였고 엄마는 드라마 작가로 활동을 하셔서 두 분 다 혼자 작업하시는 일이 많으셨어요. 그런데 저는 회사 생활을 하잖아요. 처음에 회사 생활에 대해 가르쳐주는 사람이 아무도 없었어요. 저희 부모님은 그냥 진짜 착한 사람이 되어야 한다고만 가르치셨는데 막상 사회 생활을 해보니까 그렇지 않은 거예요.

뭔가 계속 손해 보는 것 같기도 하고 불리하다고 느끼기도 하고요. 그래서 조금 힘들었는데 막상 김제에 내려가보니 그냥 그렇게 살아도 되는 거더라고요. 사실 그때 제가 그 마을에 안 갔으면 지금쯤은 가치관이 바뀌었을 수도 있을 거 같아요. '아. 그냥 다 이렇게 사는구나. 그럼 뭐 나도 그렇게 살지.' 이런 식으로 말이죠.

아마 대부분의 회사원들이 제 나이 또래에 비슷한 경험을 할 텐데, 모두가 시골에 내려가서 직접 경험하고 깨달을 수는 없잖아요. (웃음) 그런 부분들을 최대한 영상으로 보여주고 싶었던 마음도 있었던 것 같아요. 사실 어르신들께도 항상 잘하려고 노력하는 건 아니지만, 그래도 진심으로 행동하려고 노력해요. 특히 카메라가 있을 때와 없을 때의 행동에 대한 고민을 많이 하죠. 카메라가 없을 때도 만나 뵙고 사는데, 이것마저도 어떻게 보면 PD가 촬영을 위해 공을 들이는 모습으로 보일 수도 있으니까요. 촬영을 하게 되면 어쨌든 무언가를 더 하게 될 테고, 그런 상황들에 대해 어떻게 느끼고 계실지 고민했던 적이 정말 많은데 그냥 그걸 다 이해해 주시더라고요.

제가 그곳에서 생활하면서 멘탈이 건강해지는 것을 느껴요. 다양한 분야의 엄마, 아빠들이 많이 생기면서 그곳에 뿌리박은 느낌, 안정감이 생겼어요.

서울에서는 어른으로 사는 게 왜 그렇게 힘들었는지, 혼자 버티고 견뎌야 된다는 느낌이 강했거든요. 근데 그분들이 보기에는 제가 너무 애기 같았나 봐요. 제가 못해도 다 받아주시고 하니까 그런 게 따뜻했어요. 지금까지 쌓여 있던 어리광을 그분들께 다 털어내고 나니까 화가 다 풀렸나 봐요. 화가 풀리니깐 이젠 내 할 일을 하자는 생각이 들었어요.

PD님의 삶 전체를 보여줘야 한다는 것에 대해 부담이나 후회는 없으신가요?
─── 저는 연출자여서 수위 조절이 되는데, 반면에 아빠가 저랑 같이 김제 집에서 살게 된 이후로 아빠를 어디까지 노출해야 할지가 고민이었어요. 사람들이 아빠를 좋아하는 거예요. PD로서는 사람들이 좋아한다는 걸 아니까 아빠를 전면에 내세워야 되겠다 해서 영상을 찍었는데, 사람 일이 타이밍이 딱딱 맞지 않잖아요. 너무 억지로 하는 것 같아서 접었어요.
사실 제가 우리 가족의 리즈 시절을 떠올리고 김제 집을 산 것처럼 아빠도 회복되었으면 하는 마음도 있었어요. 아빠가 그림을 안 그리신 지 오래되었는데, 여기서 그림을 다시 그리시면서 회복되었으면 싶었거든요. 근데 그걸 염두에 두고서 영상을 찍으니까 제가 강요를 하게 되더라고요.

여기에서 건강하게 사는 법을 잘 훈련해서 돌아가야지 하는 마음으로 김제에서의 삶을 이어가고 있는 것 같아요.

그전에는 결론을 보여줘야 한다는 압박감이 있었는데, 안 그래도 되는 것 같아요.

유튜브 영상들을 보면 '오느른'의 세계가 조금씩 확장되는 느낌이 들어요. 집 자체에서 주변 환경으로, 사람으로, 마을의 이야기로 점점 더 커지는 느낌. 그 방향성에는 어떤 영감들이 영향을 줬을까요?
―――― 억지로 무언가 하려는 마음을 이제 좀 내려놓게 되는 것 같아요. 채널의 성격 때문에 뭔가 회복되는 결론을 보여줘야 된다는 압박감도 있었는데, 꼭 안 그래도 되는 것 같기도 하고요. 그렇게 제가 정해놓은 스토리를 하나씩 내려놓으니까 또 우연히 만나게 되는 것들이 생기더라고요. 붙들고 있던 것들을 놓으니까 거기에 여백이 생기면서 다른 생각을 해볼 여유도 생기고, 자연스럽게 누굴 만나게 되기도 하고요.
같이 작업하는 조연출 친구들도 이제 동네에서 만난 사람이나 마주한 장면들에 대한 이야기를 저한테 해줘요. 그러면 또 같이 다시 만나기도 하고 가보기도 하고 그러죠. 그렇게 관계가 새롭게 확장되면서 자연스럽게 다시 이야기 안으로 들어오게 되는 것 같아요. 모두가 말도 안 되는 일들을 엮어가고 있는 셈이죠.

그런 말도 안 되는 일들에는 유키 구라모토나 선우예권, 선우정아와 함께했던 '아트 포 라이프' 시리즈도 있고, '오, 피스 카페' 이야기도 있고, 또 쌀 프로젝트도 하셨어요. 어떤 계획이나 영감이 있었나요?

───── 처음에는 '무계획이 계획이다.'가 저희의 슬로건이었어요. 서울에서 지내는 동안 스케줄대로 생활하는 것에 너무 지치기도 했었고, '그냥 우리가 하고 싶은 거 해볼래.' 하면서 시작한 부분도 있었으니까요. 그런데 또 그렇게만 지내다 보니 거기에 멈춰 있는 건 철부지 같은 짓이라는 생각이 들더라고요. 이제 충분히 했다는 생각이 들었고요. 그러면서 조금씩 계획을 만들어 가야겠다는 생각을 했어요.
한 가지 흥미로운 건, 유튜브라는 채널이 결국에 같은 취향으로 사람이 묶이다 보니 다른 분야에서 활동하고 있는 저희와 비슷한 사람들의 연락이 오기 시작하더라고요. 처음에는 이런 고민을 하는 사람이 세상에 저 혼자인 줄 알았는데, 비슷한 사람이 곳곳에 많다는 걸 직접 확인한 느낌이 들었어요. 그동안 혼자 지지고 볶고 하던 일들을 확장해 나갈 수 있겠다는 확신도 들었죠. 큰 틀로 보면 그런 거 같아요. '오늘을 사는 어른들'은 저희 제작팀일 수도 있고, 지금 마을에 살고 계시는 어르신들일 수도 있고, 더 크게 보자면 저희 채널의 구독자 전체일 수도 있다고 생각하거든요.

마찬가지로 뭔가 움직이고 만들어지는 과정에서 어떤 아티스트나 출연자들의 몫도 분명히 있지만, 그 이면에 존재하는 무명의 실무자의 몫도 분명히 있어요. 이 모든 이들이 같은 취향으로 묶여 함께 어떤 사고를 친다는 일이 얼마나 멋있는 일인지에 대한 이야기를 하고 싶어졌던 것 같아요.
지금 저희는 그쪽으로 가고 있다고 생각합니다. 다만 정말 드라마나 영화처럼 하나하나 디테일하게 연출할 수는 없는 노릇이니, '방향이 조금 틀어질 수도 있고 이렇게 업다운이 생길 수도 있을 거야. 하지만 결국에는 우리가 원하는 방향으로 가게 될 거야.' 라고 생각해요. 그렇게만 된다면 이 콘텐츠가 나중에 10년이 지난 뒤에는 정말 매력적인 이야기가 되어 있지 않을까 하는 생각으로 나아가고 있는 것 같아요.

반대로, '오느른' 콘텐츠가 지금 지켜보고 있는 대중에게는 어떤 영감을 주었으면 하십니까?

――― 제가 시골에 내려와서 가장 크게 느꼈던 것 중에 하나는 '서울에서도 이렇게 살 수 있었을 텐데'였어요. '원래 있던 자리에서도 여유를 가지려고 했으면 충분히 가질 수 있었을 텐데 어떤 부분이 문제였을까?' 하고 말이죠. 저는 하지 못했던 일이고, 이렇게 김제에 내려오고 난 후에야 알게 된 거죠.

그냥 좋은 생각이 나고,
그게 좋은 방향이라는
자신만의 확신이 생기면
그게 영감이 되는 것
같아요.

채널을 시청하시는 분들이 그런 과정을 함께 보면서 내가 지금 있는 공간이나 삶 속에도 나름의 의미가 분명히 존재한다는 걸 느끼셨으면 좋겠어요. 또 그게 위로가 됐으면 하는 마음도 있고요.

또 많은 분들이 어떻게 살아야 하는지, 여러 가지 가치관이나 방향에 대한 고민을 놓치고 사는 경우도 많을 텐데요. 그 부분을 대신 고민해주고 정답을 들려줄 수는 없지만, 이렇게 갈 수도 있다는 이야기를 계속해서 하고 싶은 마음은 분명히 있어요. 저 역시 모든 순간 내리는 답들이 완벽하지 않을 테고, 나이가 들어가면서 생각은 계속해서 바뀌겠죠. 그렇다고 할지라도 이렇게 미숙한 답을 내리고 사는 누군가가 여기에도 있다는 걸 이야기해 주면, 누군가에게는 도움이 되지 않을까요?

김제에 내려가신 지 2년, 이제 곧 3년 차에 접어듭니다. 모든 걸 손수 이뤄가고 있고, 또 누구보다 밀도 있게 들여다보고 있다는 점에서 '로컬'이라는 단어를 바라보는 시선에 분명 다른 마음, 자세 같은 게 있을 것 같아요.

——— '로컬(local)'이라는 단어는 제게도 여전히 숙제 같은 단어입니다. 로컬 소멸과 로컬 가능성, 요즘에 로컬이라는 단어가 들어간 화두가 두 개나 되잖아요.

이 두 가지가 함께 다뤄진다는 게 좀 아이러니하다고 생각해요. 인구는 계속해서 줄어들고 있는데, 각자의 정체성은 필요한 시대가 됐다는 것 자체가 말이죠. 사실 요즘에는 과거에 비해 물리적인 공간이 크게 중요하지는 않잖아요. 그런 점에서는 어떤 타이밍이 왔다고는 생각하거든요. 이전에는 생각만 하던 대안적인 삶들이 이제 현실화될 수도 있다는 생각을 하면요. 그 가능성을 계속 찾고 있는 것 같아요. 특히 직접 경험할 수 있는 부분들에 대해서 더 그런 것 같아요. 사실 한 번에 두 가지 문제를 해결하기는 쉽지 않잖아요. 대안적 삶에 대한 제시와 로컬 소멸의 문제를 함께 해결하는 것. 정말 쉽지 않은 일인데 '그게 어쩌면 가능할 수도 있어!' 하는 생각이 들어서 노력해 보고 있는 것 같아요. 너무 힘들어서 가끔 후회를 하기도 해요. (웃음)

길스토리와도 함께 하고 싶은 '로컬 크리에이티브 프로젝트'가 있다고 들었습니다. 어떤 프로젝트인지 소개해 주실 수 있을까요?

─── 길스토리와는 같은 방향을 고민하고 있다는 생각이 들었고, 해결이 나지 않거나 명확히 그려지지 않는 부분도 포기하지 않고 있다는 부분이 비슷했어요.

Inspiration | 최별

김제에서 김남길 대표님을 처음 만났을 때 진정성을 중요하게 생각하는 분이구나 싶어서 마음이 놓였고요. 길스토리와는 지금 당장 문제를 해결할 수 있는 파트너십은 아니지만, 방법과 대안을 함께 나눌 수 있는 친구 같은 관계라고 할 수 있겠네요.

생각보다 이 부분이 중요해요. 지금 로컬에서 필요한 건 지속적인 관심이거든요. 최근에는 '관심 인구'라는 단어까지 생길 정도로, 관심을 가져주는 것만으로도 그 지역에 인구가 늘어나는 효과가 있다고 하더라고요. 어떻게 보면 저희 '오느른' 채널을 통해서 김제에 관심을 갖는 사람들이 많아졌을 때 저희가 그 역할을 할 수 있게 되는 것처럼, 길스토리 역시 같은 방향으로 나아가고 있는 셈이죠. 저희는 사실상 콘텐츠 집단이기 때문에 그 외의 것들은 서툰 부분이 많거든요. 이렇게 조언을 구하고 의견을 나눌 수 있는 상대가 있다는 것만으로도 힘이 됩니다.

지금 정해진 건 하나도 없지만, 김제에 '수평적 마을 호텔'을 만들고 싶다는 이야기도 함께 나누고 있어요. 김제시와도 그 이야기를 나누고 있는데요. 저희의 목표는 지금까지 없었던 로컬 모델을 만들어 보자는 거예요. 공간 리모델링이나 하자고 이곳에 온 것도 아니고, 비어 있는 공간에 콘텐츠를 채워 넣는 일을 하고 싶은 거니까요.

내가 어떤 걸 하고
싶은지, 어떤 걸 느끼고
싶은지를 아는 것이
영감을 위한 출발이
아닐까요?

다만, 서울이나 수도권에 있는 기존의 예술인 마을과는 분명히 다른 모습일 거예요. 이 프로젝트가 성공적으로 시작된다면, 처음에 어떤 분들이 오게 되는지가 그래서 더 중요할 테고요. 저희 팀도 그렇고, 길스토리도 그렇고 또 MBC 내부나 채널 구독자 중에도 이런 모든 것들을 순수하게 콘텐츠로 좋아하고 지켜봐 주는 분들이 많아요. 모두가 그 길을 함께 걸어가고 있는 어른이들이 아닐까 생각해 봅니다.

수평적 마을 호텔에 첫 번째로 오시는 분들이 되게 중요할 것 같다고 하셨는데요. 김제에 어떤 분들이 오셨으면 좋겠고, 또 그분들은 어떤 것들을 얻어 갈 수 있을까요?

─── 꼭 아티스트여야 하는 건 아니고, 무언가로 표현할 수 있는 분들이면 좋을 것 같아요. 자기 표현을 잘할 수 있는 사람. 그러니까, 각자가 이곳에서 느낀 바를 본인만의 콘텐츠나 언어, 또 다른 무언가로 표현할 수 있는 분들이 되겠죠. 자신만의 방법으로 표현할 수 있는 분들이 먼저 오셔야 한다고 생각해요. 표현되는 방식이 다양할수록 더 많은 분야의 사람들이 관심을 가질 수 있는 더 큰 시너지가 날 것이라고 생각해요.

장기적으로 저희는 컬래버레이션 플랫폼으로 도약하고 싶다는 생각도 있거든요.

최근에 다양한 시도들을 하게 되면서 모든 경험들이 가능하고, 또 영감이 될 수 있겠다는 확신이 조금씩 드는 것 같아요. 특히 김제라는 공간은 아무것도 없어서 생각하기에 참 좋은 공간이거든요. 이곳에서 영감을 받아서 원래 자리로 돌아갔을 때 각자의 역할을 제대로 해낼 수 있는 어른들이 되면 좋지 않을까 하는 생각을 해요. 언젠가 이 프로젝트가 실현이 되었을 때 그런 태도로 찾아주신다면 서로에게 도움이 될 것 같아요.

이제 마지막 질문입니다. 오늘 여러 이야기를 나누면서 그 속에 '영감'에 대한 영감들을 자연스럽게 녹여봤는데요. 최별 PD님께 영감은 어떤 것일까요?

—— 저는 영감이 특별한 게 아니라는 생각을 자주 하는 것 같아요. 특별히 어떤 어마어마한 게 주어져야 영감이라고 할 수 있는 건 아니다, 이렇게요. 제가 30만 유튜버가 될 줄 알고 '오느른'이라는 채널을 시작한 건 아니었던 것처럼, 큰 영감이 있어야만 발을 내딛을 수 있는 건 아니거든요. 그냥 좋은 생각이 나고, 그게 좋은 방향이라는 자신만의 확신이 생기면 그게 영감이 되는 것 같아요. 오히려 너무 생각이 많은 건 좋지 않은 것 같아요.

생각이 많으면 자꾸 거기에 머물러 있게 되고 나아가지를 못하게 되더라고요. 영감도 그냥 그런 게 아닐까요? 생각이라는 건 자연스럽게 떠오르는 거잖아요. 그 생각을 발전시키는 과정에서 살을 덧붙이는 작업이 나중에는 필요하게 되지만, 처음의 생각 자체는 가볍게 대할 필요가 있는 것 같아요.

우리가 기분이라고 부르는 것과도 연관이 있는 것 같아요. 그냥 누구에게나 있는 거죠. 그렇지만 자신이 어떤 기분인지 잘 모르면 내가 무엇을 하고 싶은지 알아차리기가 힘들어지는 것 같아요. 어떻게 표현하느냐에 따라서도 많이 달라지고요. 저는 여기 김제에 내려와서 스스로의 기분에 대해 이제 잘 알게 된 것 같아요. 내가 어떤 걸 하고 싶은지, 어떤 걸 느끼고 싶은지를 아는 것이 영감을 위한 출발이 아닐까요?

Epilogue.

확신에 차 있던 눈이 아직도 기억에 남아 있다. 여러 어려움을 뒤로하고 이제 자신의 걸음에 대한 믿음을 확인한 이들에게서만 볼 수 있는 신념이 담긴 눈빛이다. 자신이 지나온 시간과 앞으로 나아갈 길에 대해 이야기하는 최별 프로듀서의 모습에서는 단단한 무언가가 분명히 느껴졌다.

2022년 2월, '오느른'의 두 번째 일 년의 시골살이가 담긴 다큐멘터리 방송 <오느른 - 두 번째 일 년>이 MBC를 통해 방송되었다. 작년에 이어 올해도, 유튜브 채널을 통해 전해졌던 지난 한 해분의 오느른 이야기가 지상파 채널을 통해 조금 더 많은 이들에게 소개된 것이다. '오느른' 채널은 이제 더 이상 '리틀 포레스트'를 꿈꾸던 한 PD의 이야기만이 아니라는 생각이 든다. 앞서 인터뷰를 통해 잠깐 소개한 내용도 있었지만, 로컬의 가능성을 확인하고 발전시켜 나가는 콘텐츠임과 동시에 이 시대를 함께 걸어가고 있는 '어른이'들을 위한 동반 성장의 모티브가 되어가는 모습이다. 이제 시작이다. 10년 후의 '오느른'은 우리에게 어떤 이야기를 하고 있을까? 그 걸음을 걸어가는 최별 프로듀서의 모습을 지켜보고 싶다.

Interview

개인의
취향은 어떻게
영감이 되는가

Inspiration

03

Inspiration | 박소희

박소희.

함께하는 순간으로부터 얻는 영감들

Prologue.

보타니컬 디자이너라는 직업이 있다. 식물이라는 뜻의 Botanical이라는 단어에 명사 Designer가 붙은 말이다. 단어의 뜻을 그대로 읽으면 식물을 디자인하는 직업을 가진 사람이 된다. 평소 플로리스트라는 직업은 자주 들어봤지만, 보타니컬 디자이너는 역시 생소하다. 꽃을 가꾸고 꾸미는 일과는 다른 구석이 있는 걸까?

오늘 만나볼 <엘 트라바이(Elle Travaille)>의 박소희 대표는 자신을 스스로 보타니컬 디자이너라고 부르는 대표적인 인물이다. 작업을 하는 동안에 공간을 구성하는 화훼만이 아니라 그 주변의 환경까지도 모두 신경을 쓰고 있기 때문이다. 주어진 공간을 꾸미는 일보다는 새로운 공간을 만들어내는 일에 더 가깝다.

최근에는 동료 플로리스트와 함께 구성한 프로젝트 그룹 '데어비(There Be)'로도 활동하고 있다. 살아 있는 식물이 시들어가는 과정을 하나의 예술로 승화시킨 작품도 선보였다. 주변에 흩어진 조각들을 엮어 자신만의 새로운 공간으로 탈바꿈시키고 있는 박소희 대표를 신사동 <엘 트라바이> 작업실에서 만났다.

INTERVIEWER 조영준 | PHOTOGRAPHER 김형석

작가님에 대한 간단한 소개 부탁드립니다.

―――― 안녕하세요? 박소희입니다. 플로리스트를 기반으로 하는 작업들을 하고 있습니다. 프랑스 파리에서 공부를 하고 자격증을 획득했습니다. 한국에 돌아와서는 조경 작가라기보다는 공간 디자이너에 조금 더 가깝게 활동하고 있는데요. 자연적인 소재로 공간을 채우는 일을 하다 보니 그게 다른 말로는 조경 작가로 표현이 되곤 합니다. 그렇다고 원예까지 직접 하는 것은 아니어서 스스로를 '보타니컬 디자이너(Botanical Designer)'라고 부르고, 그렇게 소개를 하고 있습니다.

처음에 플로리스트 일을 해야겠다고 생각하셨던 계기가 있을까요?

―――― 사실 처음 하고 싶었던 건 쇼콜라티에(Chocolatier)였어요. 그런 기술이 하나 있으면 할머니가 될 때까지 평생 뭔가를 할 수 있겠다는 생각이 들었고, 초콜릿을 만드는 일이 뭔가 있어 보였거든요. '이왕 하는 거 내가 좋아하는 프랑스 파리에 가서 배워 온 다음에 한국에서 아틀리에를 차려야겠다' 하는 마음을 가졌습니다. 그길로 바로 파리로 향했죠. 하지만 막상 시작해보니 쇼콜라티에가 되는 과정은 제가 생각했던 것과 많이 다르더라고요.

'내 친구가 이렇게 잘하고 있는데 나도 더 잘하고 싶다' 같은 마음이 제 영감과 자극의 원천이 되는 것 같아요.

초콜릿을 만드는 일은 일주일 만에 그만두고 말았습니다. 그때 제 나이가 이미 30살이었어요. 다니던 회사까지 그만두고 쇼콜라티에가 되겠다고 프랑스에 갔었거든요. 다시 한국에 돌아가기에는 너무 창피했고, 무엇보다 제 인생을 수습하고 싶었어요. 한편으로는 그렇게 좋아하는 파리에서 계속 살아보고 싶기도 했고요. 그렇게 만나게 된 게 플로리스트라는 직업이었어요. 당시의 저는 작약이 뭔지도 제대로 모르고, 장미꽃과 안개꽃 정도만 아는 평범한 사람이었는데요. 어느 날 방문하게 된 플로리스트 교육 기관에서 학교 학생들이 벽을 따라 자란 담쟁이가 있는 정원에서 가위를 들고 꽃들을 직접 잘라 뭔가를 만드는 장면을 보고 완전히 반해버렸어요. 그렇게 저는 플로리스트가 되고 말았습니다.

파리라는 도시를 사랑하게 된 이유가 있을까요?

―――― 저는 플로리스트 일을 하면서도 '진짜' 자연이 있는 곳에는 별로 큰 흥미를 느끼지 못했습니다. 오히려 도시에 존재하는 자연이 훨씬 흥미로웠는데요. 도심 안에 꾸며져 있는 공원이 재미있고, 개인이 꾸민 정원 같은 데에서 재미를 느꼈어요. 파리라는 도시가 그런 것들을 잘 가지고 있는 것 같다는 생각입니다. 도시 전체가 예쁘고 아름답다고 느껴진다고 할까요?

물론 프랑스에서 지내는 동안 유학생으로서의 삶이 힘들어서 울면서 집에 갈 때도 많았어요. 그런데 그런 순간조차 센 강을 걸으며 에펠탑을 보고 노트르담 성당을 보면 다 위로가 되더라고요. 아무리 힘들더라도 파리라는 도시 자체가 예뻐서 모든 게 용서되었던 것 같아요. 지금까지도 파리를 매년 가게 만드는 이유이기도 하고요.

파리라는 도시로부터 얻는 그런 영감들이 현재의 작업이나 활동에 영향을 주는 부분도 있는지 궁금합니다.
―― 억지로 어떤 의미를 만들어서 연결 짓고 싶지는 않습니다. 다만 그곳에서의 인연이 지금 제 모습에 영향을 준 부분은 있는 것 같아요. 특히, 프랑스에서 처음 일했던 직장의 사장님이 대표적입니다. 그때의 저는 아무 것도 모르던 아이였어요. 학교에서는 자격증 시험을 위한 기능적인 것들만 가르쳐 줬으니까요. 제게 더 다양한 경험을 해봐야 된다고 하시면서 많은 현장을 소개해 주신 분이 그 사장님이셨어요. 그분 역시 공간을 연출하시던 분이셨거든요. 그런 경험들이 지금의 저를 만든 것 같습니다.

작가님에게 있어 영감이 되는 것들에는 무엇이 있을까요?
―― 파리의 학교를 처음 방문했었을 때 장면이 저한테는

아직도 너무 신선한 장면으로 남아 있어요. 그 장면으로 인해서 지금 이 길을 걷고 있기도 하고요.

지금의 제게 가장 많은 영향을 주는 것은 주변에 있는 아티스트 친구들인 것 같아요. 20대 때 처음 만나 지금까지 쭉 같이 성장해 온 친구들이죠. 다양한 분야에서 각자의 몫을 제대로 해내고 있는 친구들이 많습니다. 그 친구들에게 많은 영감을 받는 것 같아요. 특히 '내 친구가 이렇게 잘하고 있는데 나도 더 잘하고 싶다' 같은 마음이 제 영감과 자극의 원천이 되는 것 같아요. 그렇다고 해서 경쟁하는 마음은 조금도 없어요. 서로에 대한 존중만이 밑바탕에 깔려 있죠.

작가님께서 작업적 영감을 얻기 위해서 노력하는 것에는 어떤 것들이 있을까요?

——— 확실히 저는 사람으로부터 받는 에너지와 영감이 훨씬 많은 것 같기는 해요. 함께 일하는 사람들로부터 받는 영향이라고 해야 할까요? 일을 할 때도 확실히 그런 게 있습니다.

대기업과 상업적인 일도 많이 하지만, 재기발랄하고 아이디어가 좋은 신생 디자이너 친구들과 함께할 때 재미있게 움직이게 되는 포인트가 분명히 생기는 것 같다고 할까요?

물론 수익적인 측면에서는 대기업과 협업하는 게 훨씬 도움이 되지만, 제 브랜드인 〈엘 트라바이〉를 두고 실험을 한번 해보자는 식으로 주변 친구들, 디자이너들과도 함께 일하게 되는 것 같아요. 그리고 그런 경험들이 다시 순환해서 상업적인 활동의 구상에 활용되기도 하고요.

상업적인 활동과 창의적인 협업, 양쪽의 균형을 유지하려는 의도도 있을까요?

───── 물론입니다. 새로운 창작자들이 제시하는 최소한의 가이드라인을 두고 그 안에서 〈엘 트라바이〉만의 모습을 창조해 가는 과정은 스스로의 성장에도 매우 중요한 것 같아요. 두 부분이 연결되기도 합니다. 이런 활동을 보고 연락을 해오는 클라이언트도 있으니까요. 창조적인 도전을 원하기는 하지만 선뜻 나서지 못한 기업들이 제 다른 창작물을 보고 연락을 하는 거죠. 무리해서 균형을 유지하고 있는 것이 아니라, 자연스럽게 양쪽 모두를 오갈 수 있게 되는 것 같습니다.

한 가지 분명한 것은 제가 그런 작업을 할 수 있도록 판을 만들어주는 주변인들이 참 많다는 거예요. 어느 순간 보면, 너무 많은 도움을 받아서 제가 실제 능력보다도 더 과대 포장이 되어 있는 듯한 느낌을 받을 때도 있어요. (웃음)

저는 그냥 작품을
느낀 사람이
느낄 몫으로
남겨두고 싶어요.

지금은 신사동에 작업실을 두고 계시지만, 한국으로 돌아와 처음 아틀리에를 연 곳은 경복궁 인근의 서촌이라는 동네라고 들었습니다.

────── 20대 때부터 광화문 주변의 동네를 정말 많이 좋아했어요. 광화문 로망이라고 할까요? 사실 지금 이 신사동 작업실은 작업이 많아지면서 정말 필요에 의해서 옮겨온 곳입니다. 처음에 아틀리에를 만들 때는 제 로망이 담긴 곳에서 시작하고 싶었어요. 현실적인 문제로 광화문에서 서촌까지 넘어가게 되기는 했지만요. 나중에 이 공간에서 김종관 감독님의 〈더 테이블〉이라는 영화를 촬영하기도 해서, 이제 제게는 추억이 많은 장소가 되었죠.

당시에는 지금과는 조금 다르게 웨딩 플라워나 원데이 클래스 같은 작업들을 주로 하셨던 것 같아요.

────── 사실 저도 큰 미래를 그리면서 사는 사람은 아니어서 그냥 그때 할 수 있는 일들을 했던 것 같아요. 처음 일을 시작하다 보니 딱히 어디 회사에서 연락이 온다거나 해서 협업을 많이 하던 때도 아니었으니까요. 한 가지 기억에 남는 건, 일주일에 한 번은 꼭 '친구들 데이'라는 걸 했다는 거예요. 조금 전에 말했던 아티스트 친구들을 불러서 같이 원데이 클래스를 가장한 창작 놀이 같은 걸 한 거죠.

딱 한 가지 제가 원하는 건, 의미를 떠나서 그냥 제 작품이 멋있었으면 좋겠다는 거예요.

문제는 그 친구들이 꽃을 예쁘게 잘 꽂기보다는 자기들 개성대로 만든다는 겁니다. 그렇게 이상한 걸 하고 있으면 그런 친구들에게서 저는 또 다른 영감을 받는 거예요. 심한 경우에 어떤 친구는 "나는 이렇게 화려한 거 싫어. 그냥 한 재료만 쓸래." 이러기도 하더라고요. (웃음)

작가님께서 활동하고 계시는 '데어비(There Be)' 작업에 대한 이야기도 조금 나눠 볼게요. 구성된 지 얼마 되지 않은 프로젝트 그룹입니다.

―――― 프로젝트 그룹 데어비(There Be)는 현재 세 명의 플로리스트가 함께하고 있어요. 세 사람의 성향이 조금씩 다른데요. 저는 텍스처(Texture)를 조금 더 잘 다루고 이쪽에 흥미가 많습니다. 예를 들어, 초록색이 다 같은 색으로 보일 수도 있지만 질감이나 표현 방식에 따라 다른 초록색이 될 수 있는데, 그런 부분이 저는 재미있어요.

함께하고 있는 하수민 실장님은 컬러에 관심이 많고 과감하게 표현하는 걸 좋아하시고요. 또 임지숙 선생님은 라인과 같은 디테일 부분을 잘하세요. 이렇게 세 명이 모이니까 그게 상호 보완이 되면서 작업이 재미있어지더라고요.

개인 작가로 활동하실 때와 이렇게 프로젝트 그룹으로 활동하실 때 뭔가 다른 부분이 있을까요?

―― 저는 데어비(There be)와 같이 하는 작업들이 너무 좋습니다. 혼자 작업할 때와 다르게 프로젝트 그룹 속에서는 모든 과정을 함께하니까요. 서로 피드백을 주고받을 수 있다는 부분이 특히 더 그렇습니다. 혼자일 때는 어떤 일이 들어오면 제가 다 결정하고 책임져야 하는데, 프로젝트 속에서는 저보다 더 잘하시는 선생님 두 분이 옆에 함께 있는 셈이죠. 저희 모두 그걸 너무 좋아해요. 서로가 나눌 수 있는 것들이 있다는 게 좋은 거죠. 더 응원해주고, 더 도와주고. 그러면서 에너지를 얻는 것 같아요.

데어비(There Be)에서 활용하는 식물들은 모두 살아 있는 식물입니다. 시간에 따라서 소멸하는 과정까지도 하나의 작품으로 생각한다고 하셨더라고요. 어디에서부터 시작된 아이디어인가요?

―― 사실 조화로도 멋지게 만들 수는 있어요. 백화점 같은 곳을 꾸밀 때 필요에 의해서 세팅을 하기도 하죠. 하지만, 더 자연스러운 일은 살아 있는 것들이 죽어가는 과정인 거잖아요. 그런 자연스러운 모습을 보여주고 싶었어요. 조화로는 플라스틱 쓰레기만 재생산한다는 느낌도 들었고요.

그러다 보니 자연스럽게 전시에 더 신경을 쓰게 되는 것 같아요. 저희가 자연스럽고 예쁘게 말라가는 과정까지 생각하며 디자인하기는 하지만, '이렇게 될 거야' 하고 확신을 할수는 없거든요. 애초에 잘 마르는 모습까지 생각하면서 전체적인 디자인을 해야 하는 거죠. 이제는 말라가는 동안에 저희가 생각하지 못하는 장면이 연출되면 더 흥미롭게 느끼는 것 같아요. 처음부터 끝까지 결과값이 동일한 회화나 사진 작업과 달리 저희 작업은 일종의 '감 전시'이기도 해요. 미리 실험을 해볼 수도 없는 거고, 동일한 세팅을 한다고 해도 그때그때의 환경이나 상황에 따라 결과는 달라지는 거니까요. 하지만 그 과정 속에서 관객들이 느끼는 변화 속에 새로운 영감들이 분명히 있을 것이라 생각합니다.

파리와 한국, 서촌과 신사, 개인적인 작품과 프로젝트 작업 등 정말 다양한 모습이 작가님 속에 녹아 있는 것 같은데요. 작가님의 진정한 모습은 어디쯤에 있을까요?
──── 제가 보면, 그렇다고 작은 꽃을 하지 않는 건 아닌데 어느 순간 돌을 깔고 있기도 하고, 이것저것 다 들어 있는 모습을 보면 제가 생각해도 '나는 뭐지?' 하는 생각이 들 때가 있어요. 지인분께서 본인이 생각하는 〈엘 트라바이〉의 모습은 '유연함'이라고 하신 적이 있어요.

제일 중요한 건,
귀엽고 예쁘게 늙은
할머니가 되는 거예요.
거기에 꽃 한 송이,
이렇게!

그러니까 웨딩 플라워도 하고 조경도 하고 전시도 하면서, 굳이 하나의 방향성을 잡지 말고 유연하게 가보라는 의미였죠. 그 이야기를 들으면서 언젠가 이런 질문이 오면 꼭 이렇게 대답을 해야겠다고 생각을 했어요.

그래서 저는 〈엘 트라바이〉와 제가 유지해야 하는 강점이 유연함 같은 거라고 생각해요. 파리에도, 한국에도, 서촌에도, 신사에도 모두 제가 있었던 것처럼요.

만약에 작가님의 작업이 누군가에게 어떤 감정이나 영감을 전달했다면, 그게 어떤 모습이었으면 좋겠다고 생각해 보신 적이 있을까요?

——— 없어요. (단호) 그건 오로지 그 사람의 감정이니까 제가 컨트롤하고 싶지 않습니다. 반대로 저도 그렇거든요. 어떤 작업에 대해서 '이 작품은 어떤 걸 표현한 거예요?'와 같은 질문을 많이 받게 되면 제게는 그것이 약간 폭력적으로 느껴지기도 하는 거예요. '그냥 내가 좋아하는 걸 했어요.' 이게 솔직한 제 마음인데 꼭 어떤 답을 구하고, 작가가 생각한 걸 나도 생각하고 싶어 하면서 집요하게 묻고 들어오는 것 같아서요. 저는 그냥 작품을 느낀 사람이 느낄 몫으로 남겨두고 싶어요.

딱 한 가지 제가 원하는 건, 의미를 떠나서 그냥 제 작품이 멋있었으면 좋겠다는 거? 예쁘고 아름답고 그런 거 말고, 그냥 멋있는 거요!

마지막 질문입니다. 작가님이 걸어가시는 길 끝에는 어떤 모습이 있을까요?
─── 저는 꽃을 처음 시작할 때부터 할머니가 되어서도 꽃을 하고 싶다는 생각이 있었어요. 그런데 지금 현실은 운동복 입고 포대 자루 나르고 흙 퍼다 나르는 소위 막노동 작업이 더 많죠. 할머니가 되었을 때는 꼭 비비안 웨스트우드처럼 예쁜 옷을 입고 부자 동네 고급 저택 사이에 꽃집을 하나 차리고 싶어요. 우아하게 차 마시면서. 왜 그런 거 있잖아요. 프랑스 같은 데 있는, 입구에 네모난 돌들이 아치형으로 문처럼 되어 있는... 들어가면 꽃이 막 있고. 제일 중요한 건, 귀엽고 예쁘게 늙은 할머니가 되는 거예요. 거기에 꽃 한 송이, 이렇게!

Epilogue.

박소희 대표의 마지막 답변을 들으면서 박장대소하지 않을 수 없었다. 귀엽고 예쁜 할머니가 되는 것이 꿈이라는 그 대답이 인터뷰가 곧 끝난다는 생각으로 방심하고 있던 허를 찌르고 들어왔다. 마음속에 오랫동안 품고 있지 않았다면 내놓을 수 없었을 생각. 오랜 세월이 흐르고 난 뒤에야 만날 수 있을 자신의 모습을 어떻게 이렇게 명확하게 그리고 있을 수 있을까? 한 가지 분명한 것은 그 대답이 단지 흥미로운 그림처럼 들렸던 것만은 아니라는 것이다. 박소희 대표가 들려준 이야기 속 일련의 과정에서 엿볼 수 있었던 유연하면서도 담대한 모습은 언젠가는 꼭 그런 모습으로 자신을 닮은 공간을 하나 열게 되지 않을까 하는 기대를 하게 만든다. 어디에 어떤 모습으로 있더라도 자신에 대한 정의를 내릴 줄 알고, 다음 걸음에 놓일 자신의 모습을 끊임없이 그려나가는 그녀이기에 더욱. <엘 트라바이>가 앞으로 선보일 작업들을 기대해 봐도 좋을 것 같다.

Interview

개인의
취향은 어떻게
영감이 되는가

Inspiration

04

Inspiration | 하민아

하민아.

행복을 그리는 꽃 한 송이

Prologue.

자기 작품에 대한 무한 자부심, 누구도 건드려선 안 되는 예술혼, 최고의 작품을 만들기 위해 곤두선 신경과 그에 따른 예민함... 이런 게 우리에게 익숙한 예술가의 이미지라면 이 글을 읽는 동안 잠시 넣어두시길 바란다. 그래픽 디자이너이자 일러스트레이터인 하민아 작가는 홀로 도도한 예술가가 아닌, 사람 속에서 숨 쉬고 웃고 그리는 그야말로 '인간 한가운데 선 예술가'이다. 이렇게 사람 냄새 나는 작가를 만나는 것도 참 오랜만이다.

길스토리를 지켜봐온 독자라면 아시겠지만, 그는 길스토리 프로보노로 오랫동안 활동 중이다. 재미있고 따뜻한 컬러로 보는 이들에게 달콤한 쉼과 편안함과 기쁨을 주는 작품을 선보여 왔다. 홍익대학교 대학원 시각디자인과를 졸업한 하민아 작가는 현재 그래픽 디자이너로 회사 생활을 하고 있는 동시에 일러스트레이터로도 10년 이상 왕성하게 활동 중이다. 책 표지를 비롯해 어린이 동화책의 삽화를 그리기도 하며, 서울디자인페스티벌과 디자인 페스타 등에도 참여했다.

단풍이 예술이던 어느 가을 오후, 서울 마포구 카페에서 하민아 작가를 만나 인터뷰를 가졌다. 사실 하민아 작가를 이날 처음 만난 건 아니지만, 처음 만난 기분이었다. 그가 얼마나 사람을 향해 있는지, 어떤 마음으로 그림을 그리는 작가인지 이날 인터뷰를 통해 처음 알게 됐기에 그날에야 비로소 제대로 그를 만난 기분이었다.

INTERVIEWER 손화신 | PHOTOGRAPHER 장도선

어떻게 처음 그림을 그리게 되셨나요?

―――― 4살 때부터 그림 그리는 걸 좋아했어요. 어릴 때 엄마가 벽에 달력을 붙여놓으시면 거기다 그림을 그리곤 했어요. 유치원 때는 전국 그림대회에서 은상을 받았어요. 그때 '나는 그림을 그려야지' 하고 결심했어요. 그때 이후로 한 번도 제 꿈이 바뀐 적이 없습니다.

그림을 그릴 때 어디에서 영감을 얻으시나요?

―――― 특별히 영감이 떠올라서 작업하기보다는 좋은 사람과 좋은 시간을 보내고 나면 그게 자연스럽게 작업으로 이어지는 것 같아요. 예를 들어 오늘 여기 인터뷰에 나와주신 분들과 만나서 좋았으면 집에 가서 그 느낌을 그림으로 표현하는 거죠. 마치 밤에 일기를 쓰는 것처럼요.
저는 기분이 좋을 때만 그림을 그리려고 노력해요. 내 그림을 보는 사람들이 기분이 좋았으면 하기 때문이에요. 제 기분이 안 좋을 때는 절대 작업을 안 해요. 중학교 때부터 이런 생각을 했고, 쭉 이걸 지켜왔던 것 같아요.

기분 좋을 때만 작업한다는 규칙이 인상적이네요. 왜 이런 습관을 가지게 됐는지 조금 구체적으로 말해주세요.

―――― 그림을 보시는 분에게 작가의 힘든 감정이 전달되는

내가 이렇게
그림을 사랑하는 만큼
많은 사람들과 함께
나누고 즐기고 싶은
마음이 커요.

게 별로 좋지 않다고 생각해요. 저의 안 좋은 기분이 남에게 전이되는 것에 대한 거부감이 예전부터 있었는데, 그냥 제가 그런 성격이라서 그런 것 같기도 하고, 나 때문에 누군가가 조금이라도 안 좋은 영향을 받는 게 싫어요. 저는 주변의 친한 사람, 친구나 어머니가 평온한 상태여야 좋은 그림을 그릴 수 있어요. 그들이 편안할 때 뭘 하든 기분 좋게 임할 수 있거든요. 옆에 있는 사람들이 잘 있고, 밥을 잘 먹는 게 제게는 무엇보다도 우선이에요. 제 작업에 있어서 주변인들의 행복이 무엇보다 중요하거든요. 아버지를 닮아서 어릴 때부터 오지랖이 넓은 편이었고, 주변 사람들 챙기는 걸 좋아해서인 것 같아요.

고독하게 작업하는 예술가의 이미지와는 다른 것 같습니다.
───── 워낙 사람을 좋아해요. 꽃을 그리거나 캐릭터를 그릴 때도 주변인의 에너지가 그림의 소스가 됩니다. 사회적인 관계, 사람 사이의 마음에서 가장 큰 영감을 얻어요. 엄마나 친구들이 시간을 내서 몸이 불편한 저를 이렇게나 도와주는데 제가 어떻게 작업을 대충 할 수 있겠어요. 절대 그럴 수 없죠. 돌이켜 생각해보면 제게 주어진 작업을 한 번이라도 열심히 안 한 적은 없는 것 같아요. 그 이유는 저를 도와주는 주변 사람들이 너무 고맙기 때문이에요.

사람 말고 또 영감을 얻는 데가 있나요?

―――― 음악을 많이 들어요. 음악은 다 좋아요. 뮤지컬 음악도 좋아하고 공연도 좋아해요. 싸이도 좋아하고 아이유도 좋아하고, 신나는 음악도 좋아해요. 좋은 책에서도 영감을 얻는데, 감성적인 것보다 자기계발서 같은 거 좋아해요. 그리고 주변에서 열심히 살아가는 사람들을 보면서도 영감을 얻어요.

떠오른 영감을 붙잡기 위한 자기만의 방법이 있나요?

―――― 핸드폰이나 노트에 잊어버리기 전에 글을 좀 많이 써놓는 편이에요. 예전에는 적어놓은 글을 삽화 같은 일회성 이미지로 만드는 것만 생각했는데, 요즘은 한 달이면 한 달, 일 년이면 일 년, 긴 시간을 두고 스토리가 있는 캐릭터를 시리즈로 만드는 걸 하고 있어요.

캐릭터를 이용한 작업도 많이 하시고 다양한 것을 그리시는데, 가장 애착이 가는 본인의 작품은 어떤 종류인가요?

―――― 꽃 그림에 가장 애착이 가요. 엄마 아빠께 꽃 선물을 자주 해드렸고, 저는 기억이 나질 않는데 중학교 때 친구들을 만날 때마다 꽃 한 송이씩을 선물했대요. 그만큼 꽃을 좋아하기도 하고요.

예전에 집이 좁기도 해서 제가 그린 꽃 그림들을 버리려고 밖에 내놓았는데 마침 영국에서 온 디자이너 오빠가 이걸 왜 버리느냐면서 내놓은 그림을 다시 들고 들어온 적이 있었어요. 그 그림들이 어떻게 인연이 돼서 서울시에서 운영하는 디자인 센터 관련 전시회에 출품됐어요. 그리곤 꽤 비싼 가격에 팔렸고, 반응이 좋아서 엽서로도 만들어졌어요.

자신의 그림을 버리려 했다는 게 놀랍네요. 아깝지 않으셨나요?
——— 사실 스스로 내 그림을 높게 평가하지 않는 것 같아요. 애지중지 아끼고 모으고 그런 게 없어요. 제가 대단한 예술가라고는 생각하지 않아서 그런지 작품을 버리는 데도 미련이 없는 편이에요.

'내 그림의 특징은 이런 것이다'라고 한마디로 말한다면요?
——— 저는 트렌드적이진 않은 것 같아요. 10년 전에 그린 걸 지금 보더라도 크게 질리지 않는 것도 그래서인 것 같아요. 그리고 색감을 독특하게 쓰는 게 제 그림의 특징이라고 생각해요. 안 어울리는 색이지만 함께 썼을 때 잘 조화되게끔 쓴다든지, 색이 많아도 복잡하게 보이지 않게끔 쓴다든지 하는 나만의 방식이 있어요.

기분이 좋을 때만
그림을 그리려고
노력해요.

예를 들면 채도를 낮추는 식으로요. 제 작품들은 컬러가 장점인 것 같아요. '순수한 열정'이라는 이름으로 컬러를 전면에 내세운 전시를 하기도 했는데 다른 작가들은 잘 안 쓰는 마젠타(밝은 자주) 색을 주로 써서 전시 작품들을 채웠고, 그때 반응이 좋았어요.

시각 디자인을 전공했는데, 어떤 디자인이 좋은 디자인이라고 생각하나요?
─── 뭐가 없는 심플한 디자인이 좋다고 생각해요. 꾸밈이 많은 것보다는 소재 자체가 좋고 또 실용적인 게 좋다고 봐요. 군더더기가 없고, 보는 사람에게 그 디자인에 대해 설명을 하지 않더라도 딱 봤을 때 좋다고 느껴지는 게 좋은 디자인이라고 생각해요.

디자이너로서의 일은 생업이고, 일러스트레이션이나 그림 작업은 개인적 작업 같은데, 그렇다면 두 작업이 어느 정도로 구별되나요?
─── 회사 일로 하고 있는 디자인은 여러 사람과 협업하는 것이고, 비용 문제도 고려해야 하기 때문에 나의 예술적인 취향보다는 그런 외부적인 조건을 더욱 우선시해서 작업해요. 철저하게 서비스 마인드로 임하죠.

반대로 개인 작업은 아주 감성적인 작업이에요. 외부적인 상황에 훨씬 덜 좌우되고 그로부터 분리되기 때문에 저의 감성이 훨씬 자유롭게 적용된다고 할 수 있어요. 이렇게 결이 전혀 다른 작업을 동시에 함으로써 상호 보완이 되고 시너지가 일어나는 것 같아요.

디자인 작업은 서비스 마인드로 한다는 말씀이 참 인상적이네요.
────── 물론 서비스 마인드로 임하지만, 그렇다고 사무적이거나 대충 임한다는 의미는 아니에요. 디자인 작업도 개인 작업을 할 때처럼 공을 많이 들여서 작업합니다. 너무 영혼을 갈아 넣는 저를 보고 주변 사람들이 그렇게 일하지 말라고 만류하기도 해요. 돈을 받는 만큼만 일해주면 되는 거 아니냐고, 너무 공들이면 너의 힘만 빠진다고 말하기도 해요. 하지만 최선을 다해서 내 작품처럼 공을 들이는 게 맞는 거라고 생각하기 때문에 언제나 시간과 노력을 많이 들여서 작업합니다. 남의 물건을 함부로 다루는 게 예의에 어긋나는 것처럼, 내가 클라이언트로부터 받은 일감도 남의 물건 다루듯 소중하게 다뤄야 한다고 생각하기 때문이에요.

사람들이 제 그림을
보고 기분이 좋아지면
좋겠어요.

앞으로 시도해보고 싶은 작업이 있으신가요?

―― 꽃 그림을 더 많이 그리고 싶어요. 한국적인 걸 좋아해서 동양화를 많이 그렸는데, 먹물로 꽃을 그리기도 했어요. 앞으로는 먹물과 아크릴 물감을 섞어서 꽃 그림을 그릴 예정인데, 이제는 캔버스에 그리려고 해요. 캔버스에 꽃 그림을 그리면 나중에 전시도 할 수 있고, 여러모로 의미 있을 것 같아요.

작가님의 그림을 본 사람들이 한 말 중에 가장 기억에 남는 감상평이 있나요?

―― 인스타그램을 하진 않지만 가끔 들어가서 보긴 해요. 어느 날 누군가가 내 그림을 인쇄해서 컬러링북처럼 라인을 따라 색을 채워놓은 걸 봤어요. 좁은 공간을 힘들게 색칠한 걸 보니 그분께 미안하더라고요. 그럴 줄 알았으면 라인을 좀 더 크게 그릴걸 하고 생각했어요.

보통 많은 예술가들이 자기 그림을 허락 없이 2차로 활용하는 것을 싫어하고 심지어 항의하기도 하는데 작가님은 그렇지 않으신 것 같습니다.

―― 제 그림을 보는 사람이 그걸 즐기고, 자기 방식대로 활용을 하면서 편하게 누리는 건 기분 좋은 일이죠.

저에겐 전혀 불쾌한 일이 아니에요. 물론 상업적으로 이용하는 건 안 되지만 나에게 그림이란 '좋은 것'이고, 그림을 정말 좋아하기 때문에 제가 그림을 사랑하는 만큼 많은 사람들과 함께 나누고 즐기고 싶은 마음이 큽니다. 나 혼자 좋고, 세상에 하나뿐이고 그런 건 싫거든요.

제 그림은 자기만족을 위한 건 아니에요. 그림은 제가 자존심을 걸고 지켜야 할 예술적인 무엇이기보다는 제 주변인을 위한 거라고 생각해요. 아버지가 돌아가시고 나서는 가장으로서 제가 엄마를 챙기고 있는데, 그림은 제게 소중한 밥벌이이기도 해요. 저에게 그림이란 주변 사람들을 위한 것이지 제가 성공하고 유명해지고 그러기 위한 것이 아니거든요. 그런 건 전혀 중요하지 않아요. 망해도, 흥해도 지금처럼 계속 해나갈 거예요.

작가님의 작품을 보고 누군가는 영감을 얻을 텐데, 그분이 어떤 영감을 얻으면 좋겠는지 생각해본 적 있으신가요?

──── 그림의 라인은 심플하지만 컬러를 보시고 감성이 풍부해짐을 느끼시면 좋겠다는 바람을 가지고 늘 작업합니다. 사람들이 제 그림을 보고 일단은 기분이 좋아지면 좋겠어요.

사회적인 관계,
사람 사이의 마음에서
가장 큰 영감을 얻어요.

Epilogue.

그와의 대화를 마치고 나는 꽃 한 송이를 선물받은 기분이었다. 자신을 내세우거나 뽐내지 않는 사람과의 대화가 얼마나 마음을 따뜻하게 데우는지, 얼마나 향기로운지 가슴 깊이 느끼는 시간이었다.

자신의 그림은 그렇게 대단하지도 중요하지도 않다는 사람, 주변 사람들의 편안함과 행복함이 훨씬 더 중요하고 그게 곧 자신의 행복이라고 말하는 사람. 이런 하민아 작가의 그림에는 말로 표현하기 힘든 묵직한 감동이 깃들어 있었다. 그림이든 글이든 그 어떤 예술이든, 그것의 참 가치는 그 안에 깃든 작가의 마음에 있다는 걸 절절히 깨달은 인터뷰였다. 자신보다 남을 더 소중히 여기는 '따뜻한 마음'이 그의 작품의 첫 번째 소재였던 것이다.

Interview

개인의
취향은 어떻게
영감이 되는가

Inspiration

05

Inspiration | 문일오

문일오.

영감의
턴테이블

Prologue.

글을 쓰는 일을 업으로 삼고 있는 사람이기에 나는 늘 궁금했다. 글이 아닌 그림을 그리고, 춤을 추고, 음악을 만드는 예술가들의 마음과 그 마음이 만들어내는 시선에 대하여... 그들이 영감을 얻는 방식, 자신의 감정과 생각을 표현하는 스타일을 살짝 엿볼 수 있다면 나의 글도 좀 더 다채로운 리듬을 가질 수 있지 않을까. 기회가 왔다. 길스토리 프로보노로 활동하고 있는 문일오 작곡가와의 인터뷰 일정이 잡힌 날부터 나는 질문 리스트를 썼다 지웠다 반복하며 그의 음악을 듣고 있었다.

노을 지는 바다의 잔물결, 신비롭게 빛나는 구름, 돌 틈 사이로 피어난 작은 들꽃 속에서 음악을 읽어내는 남자. 문일오 작곡가는 눈으로 경험한 시각적인 풍경을 청각적인 음악으로 표현해내는 예술가다. 길스토리 크리에이티브 랩 '문일오의 턴테이블'에서 그의 음악을 들을 때면, 어김없이 귀보다 마음이 먼저 열린다. 매일매일의 일상에서 아름다움을 포착해 멜로디로 만들어내는 그의 음악은 그 자체로 치유이자 영감이다.

INTERVIEWER 조혜영 | PHOTOGRAPHER 김형석

길스토리 크리에이티브 랩 '문일오의 턴테이블'을 좋아하는 팬들이 많다고 들었습니다.

──── 2014년부터 한 달에 한 번 작곡한 곡을 연주해서 올리고 있습니다. 일할 때 제 곡을 듣는 분들이 많다고 하더라고요. 지나고 나면 사운드나 연주에 아쉬움이 많이 남는데, 좋게 들어주셔서 감사하게 생각하고 있습니다. 좋은 피드백을 받을 때마다 다음엔 더 잘해야겠다고 다짐합니다.

요즘의 일상은 어떠신가요?

──── 영화 〈비상선언〉 OST 작업에 참여하게 되어 열심히 작업 중입니다. 틈틈이 '문일오의 턴테이블'에 올릴 곡도 작곡하고 있고, 개인 앨범 작업도 준비하고 있습니다. 일 때문에 바쁘지만 가족과 보내는 일상도 소중합니다. 특히 딸과 시간을 많이 보내려고 하는 편이에요.

'문일오의 턴테이블'에 아이를 위한 곡도 있던데, 아이에게서 영감을 많이 받는 편인가요?

──── 최근 여덟 살 딸아이와 기억에 남는 에피소드가 있었어요. 얼마 전, 운전 중 실수로 교통법규를 위반하는 바람에 과태료를 내게 됐어요. '이 돈이면 아이 장난감이 몇 개인데…' 하면서 아쉬워하고 있는데, 딸아이가 와서 내 등을

열정이야말로
작품을 창조하게 하는
영감입니다.

툭툭 치며 "아빠, 괜찮아. 그런 날도 있는 거야."라고 말하더라고요. 그 말에 감동을 많이 받았어요. 어른스럽게 말하는 딸이 귀엽기도 하면서 저도 모르게 위로가 되는 기분이었어요. 그날 딸과의 대화에 영감을 받아 곡을 만들었죠. 어쩌면 그냥 스쳐 지나갈 수 있는 일상의 모습이지만 제가 살아가는 자취라든가, 가족과 함께한 소중한 기억들을 음악으로 남기고 싶었어요.

혹시 아내를 위한 곡도 있나요?
───── 결혼 전, 앨범을 같이 냈었어요. 프러포즈 같은 거랄까. 제가 만든 곡에 같이 가사를 붙여 만들었어요. 개인 소장용으로 갖고 있습니다.

로맨틱해요. 원래 감성이 풍부한 편인가요?
───── 아름다운 풍경을 볼 때 감성이 더 살아나는 것 같아요. 길을 걷거나 운전할 때 구름이나 나무, 노을, 작은 꽃 등이 유난히 눈에 들어올 때가 있어요. 그럴 때 그냥 지나치지 못하고 사진을 찍어요. 나중에 작업실에서 그 사진들을 보며 곡 작업을 합니다. 최근에는 집 근처 공원에서 핑크뮬리를 보고 영감을 받아 사진을 찍었어요. 피아노 앞에 앉아 다시 핑크뮬리 사진을 보니까 가슴 앞까지 뭔가 꽉 차오르는

느낌이었죠. 뭐랄까, 말로 설명할 수는 없지만 어떤 아련한 감정이라고 할까요. 핑크뮬리를 보며 느낀 감정을 담아 멜로디 라인을 만들었어요.

'문일오의 턴테이블'에 핑크뮬리 사진과 함께 올려놓은 곡을 들었습니다. 오래된 기억을 소환하는 듯한 뭔가 아련하면서도 애틋한 느낌이 들더군요.

―――― 풍경들을 보다 보면 그날그날의 기분에 따라 다른 감정이 느껴져요. 어떤 날에는 설렘으로 다가오기도 하고, 또 어떤 날에는 우울함으로 다가오기도 합니다. 해질녘 노을을 바라볼 때는 이상하게 우울한 감정이 올라올 때가 많아요. 풍경들을 보며 느껴지는 감정을 건반으로 이렇게 저렇게 쳐보면 가장 잘 어울리는 멜로디가 나와요. 그 멜로디를 발전시켜 곡을 완성합니다. 정확히는 잘 모르겠지만, 보는 감각인 시각과 듣는 감각인 청각이 어우러지면서 곡이 만들어지는 게 아닌가 싶어요.

작곡하다가 무심결에 비슷한 멜로디가 나온 적은 없나요?

―――― 많아요. (웃음) 그런 걸 두고 자기 표절이라고 하죠. 건반을 치다 보면 손가락 근육이 기억하는 패턴이 있어요. 손가락이 습관대로 저절로 움직이는 거죠.

어쩌면 그냥
스쳐 지나갈 수 있는
일상의 모습이지만 내가
살아가는 자취라든가,
가족과 함께한 소중한
기억들을 음악으로
남기고 싶은 마음입니다.

아무 생각 없이 건반을 치다가 '좋은데?' 하는 생각이 들었다가도 이전에 작곡한 곡과 비슷해서 놀라곤 해요. 매번 작업할 때마다 예전에 만든 곡과 다르게 하려고 노력하는 편이에요. 내 귀에 예쁘게 들리는 멜로디를 일부러 틀어서 바꿔보기도 하고요. 코드가 다르게 조합됐을 때 다른 색깔로 표현될 수 있으니까요. 제게는 조금 낯설어서 어색하게 들릴 수 있지만, 듣는 사람에 따라 좋게 느낄 수도 있을 것 같아서요.

손가락 근육이 저절로 움직인다니 신기합니다.
―――― 고등학교 시절, 음대 입시 준비하느라 한창 피아노 연습을 하다가 저도 모르게 깜빡 졸 때가 많았는데, 그때도 손가락은 계속 건반을 치고 있더라고요. 작곡할 때도 손가락의 느낌이 중요해요. 건반을 눌렀다 떼는 것만으로도 리듬이나 감정이 달라질 수 있거든요. 같은 멜로디를 연주하더라도 짧게 눌렀을 때의 느낌과 길게 눌렀을 때의 느낌이 전혀 다릅니다. 더 경쾌해지기도 하고, 더 부드러워지기도 해요. 순간순간 손가락 움직임의 미묘한 타이밍에 의해 리듬이 만들어질 때면 짜릿한 기분이 들면서 더 몰입하게 됩니다.

평소에 주로 듣는 음악은 어떤 스타일인가요?

─── 의도적으로 저와는 전혀 다른 스타일의 음악을 많이 들어요. 사실 모든 장르의 음악을 다 좋아해요. 아이돌 음악도 좋아하고, 남미 음악도 자주 들어요. 우연히 판소리 창을 듣고 그 느낌에 꽂혀서 한동안 계속 들은 적도 있어요. 영화음악 작업을 할 때는 레퍼런스 음악을 많이 듣는 편이고, 광고음악 작업을 할 때는 다양한 장르의 음악을 듣는 것이 도움이 됩니다.

길스토리 캠페인 음악을 비롯해 다양한 콘텐츠에 들어가는 음악을 다 작곡했다고 들었습니다.

─── 2014년 '필리핀 태풍 피해 희망모금' 긴급구호 캠페인의 음악 작업을 하며 길스토리와 처음 만났습니다. 그 이후로 프로보노로 활동하며 '길이야기: 길을 읽어주는 남자' 등 공공예술 캠페인의 음악과 사운드 이펙트 작업을 하게 되었어요. 오디오 가이드는 화면이 아닌 귀로 듣는 콘텐츠이다 보니까 음악이나 사운드 이펙트가 중요했어요. 길의 현장감을 느껴보고 싶어서 직접 걸어보기도 했어요. 걸으며 느낀 감정을 곡으로 먼저 만들어 놓았었는데, 김남길 대표님의 목소리로 녹음한 것을 들으니 생각했던 것과 분위기가 많이 다르더라고요. 목소리와 어우러지도록 재작업을 했죠.

길을 걷거나 운전할 때 구름이나 나무, 노을, 작은 꽃 등이 유난히 눈에 들어올 때가 있는데 그럴 때 그냥 지나치지 못하고 사진을 찍어요.

김 대표님의 미세한 숨소리와 음성의 높낮이를 자연스럽게 살리고 싶어서 디테일한 부분까지 신경을 많이 썼습니다.

성격이 꼼꼼하고 섬세한 것 같아요.

―――― 다른 사람의 눈치를 많이 보는 편이에요. 걱정도 많고, 사람들과 대화하고 나서도 혹시 실수한 게 있지는 않은지 다시 돌이켜보곤 해요. 아마 오늘도 집에 가서 실수한 게 떠올라 남몰래 걱정하고 있을지 모르겠어요. (웃음) 소심하고 수줍음도 많아요.
이런 성격을 고치고 싶어서 노력한 적도 있는데, 주변 지인들이 절대 고치지 말라고 하더라고요. 소심해서 남의 눈치를 보는 게 아니라 다른 사람에 대한 공감 능력이 뛰어난 거라고 좋게 말해줘서 위안이 됐어요. 공감 능력까진 모르겠지만 다른 사람의 감정을 예민하게 알아차리는 편이긴 해요. 그런 부분이 장점이 되어 섬세하게 음악으로 표현되는지도 모르겠어요.

혹시 작곡이 잘 안될 때 리프레시(refresh)하는 특별한 방법이 있나요?

―――― 가능하면 쉬려고 해요. 잘하려는 마음을 꽉 쥐고 있으면 경직되고 긴장되어 작업이 더 안될 때가 많아요.

어느 책에서 봤는데, 생각을 내려놓고 하던 작업과 전혀 다른 것을 할 때 오히려 영감이 찾아온다고 하더라고요. 그래서 작곡이 잘 안될 때는 음악 생각을 멈추고 컴퓨터 게임을 해요. 아무 생각 없이 잠을 자기도 하고요. 한번은 잠을 자다가 꿈에서 멋진 멜로디를 들은 적이 있어요. 꿈을 꾸면서도 '이건 꼭 기억해야 해' 하는 생각이 들 정도였어요. 반쯤 깬 상태에서 비몽사몽간에 멜로디를 떠올리며 작업했는데, 막상 연주해보니 생각보다 별로여서 실망했었죠. (웃음)

창작자로서 '영감'이 뭐라고 생각하나요?

――― 음, 고민이 되네요. 저에게 영감은 '기억의 아카이브'라고 할까요. 하루하루 일상을 살아가며 경험하고 느끼는 모든 것이 쌓이고 쌓여 음악으로 나오는 것 같아요. 내 삶의 기억들이 무의식 어딘가에 저장되어 있다가 영감의 형태로 표현되는 게 아닌가 생각돼요. 경험이 쌓이기만 하고 표현될 기회가 없으면 답답한 마음이 들 수도 있는데, 길스토리와 함께 음악을 만들고 소통할 수 있어서 다행이에요. 감사하죠. 영감의 다른 말은 열정이라고 생각해요. 마음속 깊은 곳에서 무언가 하고 싶은 것들이 열정으로 발현될 때 작업물이 만들어지는 것 같아요. 열정이야말로 작품을 창조하게 하는 영감입니다.

열정을 놓치지 않으려면 어떻게 살아야 할까요?

―――― 일상을 잘 살면 될 것 같아요. 늘 해온 것처럼 눈에 들어오는 아름다운 풍경들을 카메라에 담고 가슴 가득 느껴지는 감정을 표현하고 싶습니다. 사실 요즘엔 관심이 아이에게 많이 가 있어요. 아이와 더 많은 시간을 보내면서 기억의 아카이브를 차곡차곡 쌓아가려고 합니다.

마지막으로, 앞으로의 계획이 있다면요?

―――― 다른 사람이 볼 때는 별로 특별할 것 없는, 개인적이고 가족적인 일상의 풍경들을 음악으로 남겨 기록해두고 싶습니다. 아무도 듣지 않더라도 어딘가에 남겨져 있다는 것만으로 의미가 있을 것 같아요. 그리고 언제가 될지 모르겠지만 길스토리와 협업으로 음원이나 앨범을 만들 계획도 갖고 있어요. 기대해 주세요.

다른 사람의 감정을
예민하게 알아차리는
점이 장점이 되어
섬세하게 음악으로
표현되는지도
모르겠습니다.

Epilogue.

표현 수단과 도구가 다를 뿐, 결국 '창작하는 마음'은 같은 곳에서 시작된다는 것을 확인하는 시간이었다. 우연히 만난 대상을 사랑스럽게 바라보고, 끌리는 세계에 자연스럽게 마음을 여는 것. 그리고 그 세계를 향해 한 발 한 발 자신만의 리듬과 박자로 나아가는 것. 만약 세상에 위대한 영감이라는 게 존재한다면, 그것은 분명 지극히 사사로운 곳에서 발견되리라.

책 『자주 감동받는 사람들의 비밀』에 이런 문장이 있다. "햇살 한 줄기에도 감동할 수 있다면 당신은 매일 새로운 기적을 만들 수 있다." 문일오 작곡가가 바로 그런 사람이었다. 작은 풍경 하나에도 쉽게 감동받는 사람, 그렇게 매일매일 새로운 기적을 만들어 가는 사람. 평범하고 소소한 일상에서 아름다움을 발견하는 문일오 작곡가의 시선과 그 시선이 만들어낸 멜로디라면 언제든 마음을 열 준비가 되어 있다. 영혼을 울리는 음악을 만들고 마음을 연주한다는 '문일오의 턴테이블', 다음 플레이리스트가 벌써 기다려진다.

Interview

개인의
취향은 어떻게
영감이 되는가

Inspiration

06

Inspiration | 손화신

손화신.

솔직한 사람의 자문자답

Prologue.

패기 넘치던 스무 살. 싸이월드 자기소개란에 나는 이렇게 적었다.

"내가 누구냐고? 내가 누군지는 나도 잘 몰라."

이걸 쓸 때만 해도 예상하지 못했다. 시간이 지나도, 나이가 들고 삶의 경험이 축적되더라도 여전히 나 자신에 대해 모를 거라곤. 물론 내가 쌓아온 커리어를 설명할 수는 있다. 현재 기자로 일하고 있으며, 『쓸수록 나는 내가 된다』 『아이라는 근사한 태도로』 『나를 지키는 말 88』이라는 세 권의 저서를 출간한 에세이스트이기도 하며, 길스토리 프로보노로 활동하고 있다고. 하지만 내가 무엇을 진정으로 원하는 사람인지는 아직까지도 명쾌하게 설명하기가 어렵다.

그래서였을까. 셀프 인터뷰를 해보면 어떻겠느냐는 길스토리의 제안을 받았을 때 나는 어렵겠지만 한번 해봐야겠다고 선뜻 마음먹었다. 스스로 질문을 던지고 대답할 때 내가 나에게 과연 어떤 말들을 할지 나 자신도 궁금했다.

자, 그럼 혼자서 북 치고 장구 치는, 아직도 자기가 누군지 모르는 한 인간의 자문자답 인터뷰 현장으로 여러분을 초대한다.

INTERVIEWER 손화신 | PHOTOGRAPHER 장도선

CUP

기자 생활을 하면서 세 권의 에세이를 출간했다. 책을 내게 된 계기가 궁금하다.

──── 오랜 시간 기자로서 취재원의 말을 독자에게 전달하는 임무를 수행해왔다. 그런데 어느 날 문득 '나도 내 이야기를 해보고 싶다', '내 글을 쓰고 싶다' 하는 생각이 들더라. 그래서 책을 내기로 결심했다. 중간 다리 역할을 하는 전달자가 아니라 유일무이한 주인공으로서 세상에 내 목소리를 내고 싶었다. 자신을 밖으로 드러내고 표현함으로써 세상과 관계 맺고, 사람들과 소통하면서 살아가고 싶다는 욕구가 생겼던 것이다. 이런 목적이 아니더라도, 글쓰기 자체에서 재미를 많이 느꼈기 때문에 나는 기자라는 본업을 수행하는 중에도 퇴근 후와 주말 시간을 활용해 책을 쓸 수 있었다.

글을 쓸 때 소재나 주제는 주로 어떻게 찾는지.

──── 사실 이건 내 최대 고민거리다. 요즘 생각이 많아져서 글을 쓰기가 어려워졌다. 어떤 이야기를 써야 사람들에게 도움이 될까, 반응도 좋고 나도 만족할 수 있는 글을 쓰려면 어떻게 해야 할까 등을 고민하느라 선뜻 펜을 들지 못하는 답보 상태이다. 그런데 가만히 생각해보면 처음에 글을 쓸 땐 참 단순했던 것 같다. 내가 기억하고 싶은 것을 기억하려고 썼다. 가령, 사색이 꼬리에 꼬리를 물고 이어지다가

그러니 용기를 갖고,
포장하지 말고
진솔하게 쓰자.
이것이 나를 사랑하는
출발점이다.

'앞으로 이런 태도로 나는 살아야겠다' 하고 결심이 서면 그것을 잊지 않기 위해 글로 남겨두는 식이다. 한마디로, 온전히 나를 위한 글을 썼던 거다. 다시금 이렇게 단순한 마음으로 써보려고 한다.

잊지 않기 위해 쓴다는 말이 인상적이다. 이것이 글을 쓰는 이유인가.

───── 그렇다. 이런저런 다양한 이유로 쓰는 것 같다. 더 나은 사람이 되고 싶어서 글을 쓰는 게 가장 큰 이유 같고. 사람은 성장하면서 각자 다른 경험과 관점을 쌓아가며 '나'라는 캐릭터를 만들어가잖나. '나'를 만들어갈 때 가장 유용하게 사용됐던 도구가 내겐 글이었다. 앞서 언급했듯 '어떻게 살아야겠다', '어떤 사람이 되어야겠다' 하고 생각하는 것들을 노트에 항상 적어왔는데, 그걸 썼기 때문에 내가 원하는 나로 진화할 수 있었던 같다. 글을 쓰는 건 어쩌면, 내가 소중히 여기는 가치를 마음속 깊이 각인하는 작업일 테다. 내가 쓴 글이 나를 만들어왔고, 앞으로도 그럴 것이다.

글을 쓸 때 영감은 어디에서 얻는가.

───── 내 글의 특징은 스토리가 있기보다는 인문서나 철학서처럼 관념을 풀어낸 쪽에 가깝다는 것이다.

평소에 이런저런 생각 하는 걸 좋아해서 아마 이런 종류의 글을 쓰게 되는 것 같은데, 그래서 영감이라고 하면 머릿속에서 얽히고설키며 이어지는 나의 생각들인 것 같다. 즉, 홀로 하는 사색이 곧 나의 영감의 원천이다.

그런 내부적인 영감 말고, 외부로부터 받는 영감은 무엇이 있나.
─── 사실 영감은 매 순간 내가 보는 것, 듣는 것, 체험하는 것 등으로부터 광범위하게 얻어지는 것이라서 콕 집어 하나를 말하긴 힘든 것 같다. 그러나 내게 가장 영감을 많이 주는 건 아무래도 자연인 것 같다. 여행을 가도 자연이 좋은 곳을 주로 찾아가는데, 보는 이를 압도하는 대자연 앞에 섰을 때 뭔가 마음이 호방해지면서 이런저런 영감이 떠오르는 것 같다. 또, 타인과의 대화에서도 영감을 자주 얻는다. 타인은 나와 다른 우주를 가진 존재니까, 그런 '다름'에서 여러 가지 깨달음이나 자극, 삶에 관한 힌트 같은 게 오는 것 같다.

주로 어떤 사람과의 대화에서 가장 영감을 많이 얻나.
─── 확실히 예술 하시는 분들을 만나서 대화를 나눌 때 영감을 가장 많이 얻는 것 같다. 왜냐하면 예술가들은 일상이라는 틀에 매몰되기 쉬운 평범한 직장인들에 비하면

삶에 관해, 자기 자신에 관해 생각할 시간이 많은 사람들이 기 때문이다. 이들과 대화하면 나 역시 다채로운 생각을 하게 된다. 대중문화 담당 기자여서 뮤지션 혹은 배우들의 인터뷰를 종종 하는데, 그런 인터뷰를 하고 난 날이면 생각이 활발하게 뻗어가는 기분이다.

글쓰기에서 가장 중요하게 생각하는 부분은.
─── 나를 충분히 드러내는 것. 인간미가 느껴지게 글을 쓰는 게 좋다고 생각한다. 내가 쓴 글을 독자가 읽는 순간 인간과 인간 사이의 일대일 상호 관계가 형성되는데, 만일 글 안에 나라는 사람이 담기지 않으면 독자와 마음을 나누기 힘들 것이다. 내가 어떤 생각과 감정과 성향을 지닌 사람인지가 잘 묻어나는 글이 좋은 글이다. 객관적인 글을 쓸 때조차도 나만의 고유한 관점과 생각이 드러나게끔 써야 한다고 믿는다. 글쓴이가 어떤 사람인지가 느껴지는, 즉 사람 냄새가 풍기는 글을 써야 한다. 나 역시, 있는 그대로의 나를 표현하려고 늘 애쓴다.

인간미가 묻어나는 글은 구체적으로 어떻게 쓸 수 있나.
─── 솔직함이 최고의 방편인 것 같다. 사실, 솔직하게 쓰지 않으면 글을 쓰는 의미가 없다고 생각한다.

어느 날 문득 '나도 내 이야기를 해보고 싶다', '내 글을 쓰고 싶다' 하는 생각이 들더라.

글쓰기라는 건 나를 더 사랑하기 위해서 하는 행위인데, 쓰기를 통해 솔직하게 자신을 드러내지 못한다면 그건 자기애에 반하는 일이기 때문이다. 우리가 남 앞에서 나를 있는 그대로 말하지 못하고 꾸미는 건 원래의 자신을 부끄럽게 여기기 때문 아닐까. 솔직한 태도를 갖고, 다른 사람이 어떻게 생각하든 '난 이런 사람이야', '나는 이런 삶을 살아왔어' 하고 꾸밈없이 쓴다면, 문장력과 같은 기술을 떠나서 잘 쓴 글이라고 할 수 있다. 그러니 용기를 갖고, 포장하지 말고 진솔하게 쓰자. 이것이 나를 사랑하는 출발점이다.

글쓰기를 계속하기 위한 자신만의 습관이나 원칙이 있는지.
──── 직업이 기자이다 보니 자의든 타의든 어쨌거나 매일 쓴다. 쉬지 않고 꾸준히 쓰자는 원칙을 잘 지켜나가고 있는 셈이다. 기사든 출간을 위한 원고 집필이든 마감 기한이란 게 있기 때문에 그에 맞추기 위해 어떻게든 쓰게 된다. 이렇듯 '어쩔 수 없이 써야 하는 환경'을 만드는 게 지속적 글쓰기를 위한 현실적인 팁인 것 같다. 또한, 하나의 글을 끝까지 써서 마무리 짓자는 것도 나의 원칙이라면 원칙이다. 글을 쓰다 보면 중간에 막힐 때가 있는데, 그럴 때 계속 쓸지 멈추고 다음에 쓸지 갈림길에 서게 된다. 그럴 때 나는 일단 끝까지 쓰자는 주의인데, 그 이유는 글이 잘 안 써지는

온전히 나를 위한 글을 썼던 거다. 다시금 이렇게 단순한 마음으로 써보려고 한다.

괴로움도 글을 쓰는 과정의 일부라고 여기기 때문이다. 이 과정을 온전히 겪어낼 때 얻는 것이 분명히 있다고 본다.

많은 사람들이 글쓰기를 어렵게 느끼는 이유가 무엇일까.
—— 학창 시절을 떠올려보면 우린 언제나 글쓰기를 숙제로서 행했다. 초등학생 때의 일기 쓰기도 그랬고, 대학생 시절의 리포트 쓰기도 그랬다. 또한, 쓰고 나면 늘 평가를 받아왔다. 논술 점수나 수행평가 글쓰기 점수처럼. 이런 환경 속에서 자연스럽게 글쓰기가 부담스러워지고 마치 정해진 답이 있는 문제처럼 여겨지는 게 아닐까. 그러나 글쓰기에는 정답이 없다. 오답도 없다. 마음 가는 대로 써도 된다. '평가받는 글쓰기의 날들'은 이미 다 지났으니 누구의 시선도 의식하지 말고 써보시길 바란다. 우리에겐 이상한 글을 쓸 권리가 있다.

앞으로 어떤 글을 쓰고 싶은지.
—— 이전과 비교해 보면 방향성이 조금 달라진 것 같다. 예전에는 어떻게든 좀 더 예술에 가까운 글을 쓰고 싶었는데 지금은 사람들에게 직접적인 영감을 줄 수 있는 직선적인 글을 써보고 싶다. 인문서나 자기계발서처럼 적극적으로 동기 부여 역할을 하는 책 말이다.

사람이 넘어졌을 때 같이 울어주고 괜찮다고 말해주는 그런 '위로의 글'도 좋지만, 내가 더 잘 쓸 수 있는 글은 넘어진 이가 스스로 일어날 수 있게끔 힘과 용기를 불어넣는 글이 아닐까 싶다. 독자로 하여금 평소에 자기만의 내면세계를 가지고 마음 근육을 키울 수 있게 돕는, 그런 영감을 주는 책을 쓰고 싶다. '말'을 주제로 신간을 써볼까 계획하고 있다. 말이란 건 인간의 삶에 큰 영향을 주는 것 같다.

마지막으로, 글을 쓰고자 하는 이들에게 하고 싶은 말이 있다면.
──── 무엇이든 상관없으니 쓰고 싶은 걸 틀에 구애받지 말고 꼭 써보시길 바란다. 분명, 글을 쓰기 전보다 안팎으로 더 멋진 사람이 될 거라고 믿어 의심치 않는다.

Epilogue.

혼자 신명나게 북 치고 장구 친 인터뷰를 마무리하며 나에게 묻는다. 그래, 이제는 너를 좀 알 것 같으냐. 고개를 절레절레 저으면서 나는, 좌절 속에서 그러나 꽤나 흐뭇한 얼굴이다.

Interview

개인의
취향은 어떻게
영감이 되는가

Inspiration

07

Inspiration | 조영준

조영준.

고요하고 아늑한 세계, 그만의 작은 영화관

Prologue.

어른이 된 지금까지도 마치 어제 일처럼 떠오르는 어린 시절의 기억이 있는가? 건조한 얼굴에 피식 웃음을 짓게 하거나 기쁨이 차오르게 만드는 그런 기억 말이다. 때로 그 기억은 DNA처럼 '나'라는 사람을 정확하게 설명해주는 장면이 되기도 한다. '영감'이라는 다소 추상적인 이야기를 나누기 위해 만난 인터뷰이의 얼굴에서 그 기쁨을 본 순간부터 인터뷰는 순조롭게 진행되었다. 뜬구름 잡는 이야기는 끝이 나고, '영감'이라는 단어가 현실의 또렷한 감각으로 느껴지는 순간이었다.

어린 시절, 엄마와 처음으로 갔던 영화관의 질감을 기억하던 소년이 있었다. 그 소년은 자라서 영화 칼럼니스트가 되었다. 내가 만난 인터뷰이, 조영준 작가의 이야기다. 어른이 된 지금도 영화관의 조명이 어두워지는 순간이면 늘 설렌다고 말하는 그의 얼굴은 소년을 닮아 있다. 그를 가슴 뛰게 하는 영감은 작은 영화관을 연상케 하는 고요하고 아늑한 세계에서 시작된다. 소소한 일상에서 반짝이는 순간을 건져 올리는 조영준 작가의 시선은 그의 글처럼 온기를 품고 있다.

INTERVIEWER 조혜영 | PHOTOGRAPHER 김형석

다양한 매체에 영화 관련 글을 주로 써오고 있는데, 영화에 대한 글을 쓰게 된 계기가 있나요?

────── 학창 시절부터 영화관에서 영화 보는 걸 좋아했어요. 글 쓰는 것도 좋아했고. 그러다 보니 자연스럽게 영화에 대한 글을 쓰게 되었습니다. 영화와 관련된 일을 하면 좋겠다고 막연하게 꿈꿨던 적은 있지만 영화 칼럼니스트가 되어야겠다고 생각한 적은 없었는데, 어떤 우연들이 만나 저를 영화 칼럼니스트라는 직업으로 이끈 것 같아요. 말하고 보니 좀 신기합니다.

명함을 받았을 때 영화 〈원 데이(One Day)〉 포스터가 인상적이었습니다. 명함에 넣은 특별한 이유가 있나요?

────── 〈원 데이(One Day)〉는 제가 좋아하는 영화들 가운데 하나예요. 영화 자체만 보면 그렇게 특별한 영화는 아니지만, 개인적으로 영화의 마지막 부분이 인상적이었어요. 스펙터클한 영화도 좋지만 한 사람의 드라마에 대해 깊이 조명해주는 영화, 특히나 남겨진 사람들의 삶에 대해서도 담담히 그려낸 부분이 감동을 줍니다. 스포일러가 될 수 있으니 더 이상은 말하지 않을게요. 궁금하신 분들은 영화를 보시길 추천합니다.

지금도 영화가 시작되기 전, 영화관의 불이 꺼지는 순간이면 다른 세계로 들어가는 듯한 설렘을 느끼곤 합니다.

영화를 보면서 주로 영감을 얻는 편인가요?

――― 고레에다 히로카즈 감독을 좋아하는데, 영화 〈환상의 빛〉을 보면 지평선과 수평선 사이로 상여 행렬이 지나가는 장면이 나옵니다. 그 장면을 보고 소름이 돋았어요. 장면 하나로 삶과 죽음을 다시 생각해보게 하는 연출이었죠. 이렇게 영화를 보며 크고 작은 영감을 받기도 하지만 그보다도 영화를 만든 감독이나 배우들의 말과 행동, 태도를 보면서 영감을 받을 때가 많아요. 몇 년 전, 부산국제영화제에서 류이치 사카모토 음악감독을 가까이서 보게 됐는데 일흔이 다 된 나이에도 불구하고 백발의 아티스트 눈에서 광채가 나더라고요. 사람 눈에서 그렇게 반짝이는 빛은 처음 봤어요. 오랜 세월 인내하며 한길을 걸어온 예술가의 오라가 느껴졌죠. 나도 그런 눈빛을 가진 사람이 되고 싶다는 생각이 들었어요. 그 순간 영감이라면 영감일까, 삶의 새로운 방향성이 보이기 시작했습니다.

배우들의 말을 통해 영감을 받은 경험이 있나요?

――― 10년째 노트북 바탕화면에 깔아놓은 문구가 있어요. 배우 틸다 스윈튼이 오래전, tvN 〈백지연의 피플 인사이드〉에 출연해 한 말입니다. "당신의 마음이 열려 있고 자신에 대해 진정으로 표현할 수 있을 때 그것이 성공이라고

생각해요." 글 쓰는 직업을 갖고 있지만 나를 오롯이 다 보여주는 데 겁이 많은 편이에요. 그래서 틸다 스윈튼의 이 말이 더 와닿습니다. 영감 역시 내 마음이 열려 있고 뭔가를 표현하고 싶을 때 더 많이 찾아오는 것 같아요.

글을 쓸 때 영감을 얻기 위한 특별한 리추얼이나 루틴이 있나요?

─── 보통 집보다는 카페에서 작업할 때가 많아요. 차분하고 정적인 성격이라 그런지 어느 정도 사람의 움직임이 보이고 탁 트인 환경일 때 작업이 잘되는 것 같아요. 외부 환경까지 고요하면 마음이 너무 가라앉아서 글이 잘 안 써지더라고요.

카페 소음이 신경 쓰이진 않나요?

─── 집중하기 전까진 조금 신경 쓰이는데 몰입되고 나면 크게 개의치 않아요. 평소 좋아하는 음악을 들으면 몰입하는 데 도움이 됩니다. 영화 〈전장의 크리스마스〉 OST인 류이치 사카모토 음악감독의 〈Merry Christmas, Mr. Lawrence〉를 즐겨 들어요. 주로 가사 없는 곡을 반복적으로 듣는 편이에요.

영화를 만든 감독이나 배우들의 말과 행동, 태도를 보면서 영감을 받을 때가 많아요.

한 곡을 반복적으로 듣는 것이 흥미로워요. 주로 차분한 음악을 선호하나요?

─── 운동할 때 빼고는 대부분 차분한 음악을 들어요. 차분한 음악을 들을 때 감정의 밸런스가 잘 유지되는 것 같아요. 예전에는 감정의 양극단에서 영감을 갈구했었어요. 극도의 업 혹은 다운 상태일 때 자극이 더 강하게 느껴졌다고 할까요. 그런 기분을 느끼고 싶어서 중독된 것처럼 강렬한 희열을 찾아다녔죠. 희열을 느끼지 못할 때는 우울감이 찾아오기도 했고요. 그 과정에 평범한 일상은 없었습니다. 이렇게는 안 되겠다 싶어서 일상 속에서 소소한 즐거움을 찾기 위해 노력했어요. 전만큼 영감의 크기가 크지는 않더라도 일상을 어떻게 바라보느냐에 따라 영감의 모양이 달라질 수 있다는 것을 알게 되었습니다.

일상에서 영감을 발견하는 나만의 방법이 있다면요?

─── 서촌이나 삼청동 골목을 걸어요. 걸으면서 생각을 비우는데, 그렇게 걷다 보면 어느새 뭔가가 차오르는 걸 느낍니다. 비움을 통해 새로움을 채우는 것입니다. 미술관을 찾거나 사진전을 보기도 해요. 그림이나 사진을 좋아하는 이유는 시선 때문이에요. 같은 장면을 보더라도 바라보는 시선에 따라 표현이 달라질 수 있는데, 그림이나 사진을 보며

작가의 시선을 포착하는 작업이 재미있어요. 영화 글 역시 영화를 바라보는 하나의 시선이자 해석이지 않나요.
순간의 느낌을 놓치지 않으려고 메모를 자주 합니다. 책상과 거실 등 집안 곳곳에 4~5권의 노트를 놓아두고 단상이 떠오를 때마다 기록하는 편이에요. 기록을 하고 다시 펼쳐보지 않는다는 게 함정인데, 날 잡고 한번 읽어봐야겠어요.

인스타그램을 보니 사진도 많이 찍는 것 같은데, 특별히 카메라에 담고 싶은 순간이 있나요?

─── 뭔가 반짝이는 순간을 포착하고 싶어요. 인공적인 플래시가 아니라 모래사장 속 작은 유리 조각에 빛이 반사되는 그런 느낌이랄까요. 반짝하지만 금세 사라져버릴 것 같은 순간들을 사진 속에 남겨두고 싶어요. 한번은 아무도 없는 버스 정류장 벤치에 파란색 풍선이 매달려 있더라고요. 그 파란색 풍선이 마치 모래사장 속에서 반짝이는 유리 조각 같았어요. 무미건조한 일상을 다르게 보게 만드는 풍경이었죠. 버스 정류장에 파란색 풍선 하나가 매달려 있는 것만으로 뭔가 이야기가 시작될 것 같지 않나요? 이런 장면들이 바로 사소한 영감의 순간이 아닐까 생각합니다.

Inspiration | 조영준

걸으면서 생각을
비우는데, 그렇게 걷다
보면 어느새 뭔가가
차오르는 걸 느낍니다.
비움을 통해 새로움을
채우는 것이죠.

혹시 어린 시절에 경험한 첫 영감의 기억이 있나요?
―――― 초등학교 3학년 때쯤으로 기억하는데, 엄마와 함께 대구 동성로에 있는 작은 영화관에서 애니메이션 영화 〈뮬란〉을 봤어요. 내 인생에 처음으로 간 영화관이었고, 처음으로 본 영화였어요. 그날의 낯선 충격을 지금도 잊을 수가 없습니다. 영화관의 나무 계단, 팝콘 냄새, 불이 꺼지고 어둠 속에서 영화가 시작되던 순간의 설렘까지... 모든 것이 아직도 생생히 느껴져요. 두어 시간가량 나를 사로잡아 황홀감에 젖게 만들 수 있는 영화의 매력이 놀라웠어요. 아마도 그날의 기억을 잊지 못해 여전히 영화에 마음을 뺏긴 채 영화에 대한 글을 쓰고 있는지도 모르겠습니다. 지금도 영화가 시작되기 전, 영화관의 불이 꺼지는 순간이면 다른 세계로 들어가는 듯한 설렘을 느끼곤 해요.

이야기를 듣다 보니 그 시절, 작은 영화관의 질감과 냄새가 느껴지는 것 같아요.
―――― 멀티플렉스 극장도 좋지만 동네 작은 영화관을 더 선호합니다. 그런 영화관들이 많이 사라져서 아쉬워요. 작업할 때 나만의 세계로 조용히 들어가 내면에서 고요하고 아늑한 순간을 만날 때가 많은데, 어린 시절에 갔던 작은 영화관과 이미지가 겹치는 것 같아요.

그 작은 영화관이 영감의 원형이 되었다고 봐도 될까요?

──── 평소에 그런 생각을 해본 적은 없는데, 알게 모르게 영향을 미친 것 같아요. 그런 의미에서 중요한 것이 외부와의 소통입니다. 내면으로 파고 들어가 나만의 세계에 몰입하다 보면 어느 순간 좁은 세계에 갇히게 되더라고요. 사람도 자주 만나면서 외부 세상과도 소통하려고 합니다.

CJB 청주방송 라디오 프로그램에서 영화 코너를 맡아 진행했던 것도 그런 이유였나요?

──── 〈11시엔 OST〉라는 프로그램에서 '감독 인사이드', '어바웃 무비' 코너를 맡아 2년 정도 진행했어요. 아무래도 라디오는 생방송이고 쌍방향으로 소통이 되다 보니까 청취자들을 더 가깝게 느낄 수 있었죠. 처음에 시작할 때는 긴장도 많이 했는데, 시간이 지날수록 편안해졌어요. 앞으로 기회가 된다면 세상과 소통할 수 있는 다양한 활동들에 도전해 보고 싶습니다.

단도직입적으로 묻겠습니다. 영감이 뭐라고 생각하나요?

──── 한마디로 정의하긴 어려울 것 같아요. 그래도 말을 해본다면 일상 속에서 어떤 희열을 맛보는 순간, 인생의 행복한 순간이 아닐까요.

영감이 필요한데 마음대로 와주지 않는다면 어떻게 하시겠어요?

─── 영감이 차오른 상태에서 하는 작업을 근사한 외식에 비유한다면, 영감을 받지 못한 채 하는 작업은 찬밥에 계란 프라이와 김치를 먹는 것과도 같아요. 특별한 반찬 없이도 한 끼 밥을 챙겨 먹어야 할 때가 더 많지 않은가요? 영감도 마찬가지가 아닐까요. 매번 번뜩이는 영감이 찾아오길 넋 놓고 기다릴 수만은 없어요. 때로는 기계적으로 일을 해야 할 때도 있죠. 영감 없이도 글을 잘 쓰려면 많이 쓰면서 단련하는 방법밖에 없는 것 같아요. 진짜 고수들은 어떤 감정, 어떤 상황에 놓이더라도 일정 수준 이상의 글을 써내더라고요. 저도 그런 글을 쓰고 싶습니다.

반짝하지만 금세
사라져버릴 것 같은
순간들을 사진 속에
남겨두고 싶어요.

Epilogue.

무의미하게 반복되는 일상에 내가 조금씩 소진되어간다고 느낄 때, 즐거웠던 어린 시절의 기억을 떠올려보는 것만으로도 삶의 새로운 감각을 찾을 수 있지 않을까. 조영준 작가가 엄마와 처음으로 갔던 대구의 한 영화관을 기억해냈듯이 말이다. 그 기억은 영감이 되어 당신을 가슴 뛰는 세계로 이끌지 모른다.
자신만의 고요한 공간에서 내면의 본질을 파고드는 조영준 작가의 작업. 그의 찰나적 영감은 '씀'으로써 비로소 형태가 되고 세상 속으로 표현된다. 마음을 열고 진정으로 자신을 표현하고 싶다는 조영준 작가가 절대로 '쓰기'를 멈출 수 없는 이유다. 오늘도 어김없이 영화를 보고 글을 쓰고 있을 그의 귓가 너머로 류이치 사카모토의 <Merry Christmas, Mr. Lawrence>가 작게 들려오는 듯하다.

Interview

개인의
취향은 어떻게
영감이 되는가

Inspiration

08

Inspiration | 조혜영

조혜영.

세상과 소통하는 감수성

Prologue.

조혜영 작가는 방송 작가로 시작해 지금은 프리랜서 작가 일을 겸하며 대학에서 학생들을 가르치는 강사로 수업도 하고 있다. 이리저리 치이던 막내 작가에서부터 어엿한 프리랜서 작가로 자리 잡기까지 오로지 글을 쓰는 삶을 살기 위해 일상의 평온함과 밸런스를 찾고자 노력해온 그녀. 최근에는 그 과정에서 쌓아온 자신의 생각을 담아 책도 한 권 출간했다. 『똥글똥글하게 살고 싶어서』라는 제목의 에세이다. 예민하기만 했던 자신의 과거를 인정하고 새로운 시선으로 세상을 바라보기까지의 과정이 담겼다. 업(業)이자 취미로 글 쓰는 일을 꾸준하게 이어온 조 작가가 중요하게 생각하는 것은 어떻게 하면 자신의 영감이 사회와 소통할 수 있을지에 대한 고민이라고 한다. 혼자만의 언어로 남겨두는 것이 아니라 세상과 함께 나눌 수 있는 이야기가 될 수 있도록 말이다. 조금 더 잘하고 싶은 일이 여기에 있으니 계속해서 쓸 수밖에 없다는 조혜영 작가를 만나 직접 이야기를 들어봤다.

INTERVIEWER 조영준 | PHOTOGRAPHER 김형석

간단한 자기 소개를 부탁드립니다.
―――― 저는 조혜영이라고 합니다. 방송 작가로 활동하며 대학에 강의를 나가고 있고요.

지금까지 작업을 하면서 받았던 영감들 가운데 가장 처음의 순간이 궁금합니다.
―――― 영감의 첫 순간은 초등학교 때 갔던 수련회였던 것 같아요. 아마도 만리포 해수욕장이었던 것 같은데요. 바닷가를 거닐면서 시를 쓰는 시간에 귀에 가져다 댔던 소라 껍데기가 기억납니다. 거기서 나는 우는 소리 같은 거 있잖아요. 그게 꼭 엄마를 찾는 아이의 울음소리처럼 느껴진다고 생각하면서 시를 쓴 적이 있어요. 지금 그게 딱 떠오르네요. 그냥 그 바닷가에 있던 소라와 파도 같은 것들을 통해 무언가 느꼈던 것 같아요. 대단한 기억은 아니지만 그 순간이 저의 첫 영감이 된 것 같습니다.

그때 받았던 영감의 어떤 모습이나 장면이 그 이후에 작가님께서 느끼는 영감에도 영향을 주고 있을지 궁금합니다.
―――― 굳이 연결을 시키자고 하면, 감수성 부분인 것 같아요. 제가 만나는 사물이나 바깥 세계가 있잖아요.

그럼에도 불구하고
제가 가진 영감을 통해
계속 쓰고자 하는 이유는,
하고 싶은 일과 더 잘하고
싶은 일이 거기에 있기
때문이 아닐까요?

그것에 대해서 조금 세밀하게 귀를 기울이고 느끼고 싶어 하는 것 같아요. 그때는 소라와 같은 사물이었지만, 지금은 사람 쪽으로 조금 옮겨간 것 같기는 한데요. 사람마다 가지고 있는 느낌과 생각이 모두 다르잖아요. 아무튼, 외부의 것들을 느끼는 것으로, 그게 사람이든 환경이든, 그런 것들을 좀 더 감성으로 느끼고자 하는 것 같아요.

평소 영감에 대해서 생각해 보신 적이 있을까요?
―― 저는 영감이 크게 두 가지로 나뉜다고 생각해요. 제가 글을 쓸 때나 아이디어를 낼 때 번뜩이는 사고의 측면으로 한 가지가 있을 수 있다고 생각하고요. 보편적으로는 제가 살아가는 데 있어서 동기를 부여받고 살아 있다는 걸 확인하게 해주는 측면, 꼭 창조적 작업이 아니더라도 '내가 깨어 있구나' 하는 걸 느끼게 해주는 순간이 또 있을 수 있다고 생각합니다.

말씀해주신 두 가지 측면 가운데 조금 더 영향을 받는 쪽이 있다면요?
―― 비슷비슷하지만 아무래도 일을 많이 하다 보니 그때 느끼는 아이디어 같은 게 아무래도 조금 더 고맙고 반가운 것 같습니다.

Inspiration | 조혜영

그런 게 없으면 작업을 하는 게 너무 힘들고 괴로우니까요. 반대로 일상에서의 영감들은 감정이 다운될 때 사람이 살아가는 힘을 주는 면이 있는 것 같아요. 어떤 게 더 중요한지는 잘 모르겠고, 양쪽의 밸런스를 유지하려고 노력하는 것 같습니다.

양쪽의 밸런스가 중요하지만, 작업 활동을 하시는 데 있어 영감이 중요한 부분이라고 말할 수 있겠네요.
─── 네 중요해요. 다만, 영감이 받는 순간에는 날것의 모습인데 그것을 어떻게 사회적으로 일반 대중과 소통할 수 있게 바꿔내느냐 하는 문제의 어려움 같은 건 있어요. 영감이 찾아올 때는 그냥 저만이 알 수 있는 추상적인 모습인 경우가 많거든요. 그걸 그대로 표현하면 대중과 소통이 안 된다거나 사회에 유용하게 쓰이지 못할 수도 있겠다는 생각이 들거든요. 그 부분에서 고민을 많이 하는 것 같아요. 사회 언어로 번역하는 방법에 대한 고민이랄까요?

날것 그대로의 영감을 다양하게 받는 쪽과 말씀하신 사회 언어로 잘 정제된 영감을 제한적으로 받는 쪽 가운데서는 어느 쪽이 더 좋다고 생각하시나요?
─── 저는 후자가 더 좋다고 생각합니다. 어쨌든 세상은

제가 일상에서
무엇인가를 느꼈다면,
그것을 대중과 함께
느끼면서 나눌 때 더
의미가 있는 것 같아요.

함께 살아가는 거고, 제가 받은 영감 역시 잘 표현해 타인과 잘 나눠야 된다고 생각하거든요. 제 영감이 사회에 어떤 영향을 미쳐야 된다고도 생각합니다. 제 속에서 혼자만의 언어로만 갖고 있는 건 의미가 없는 것 같아요. 제가 일상에서 무엇인가를 느꼈다면 적어도 제 주변 사람들, 작업을 하는 과정에서의 영감이라면 대중들과 같이 느끼면서 나눌 때 더 의미가 있는 것 같아요.

영감을 잘 매만지는 자신만의 방식 같은 게 있을까요?

─── 지금 찾아가는 중인데요. 한 번에 완벽하게 나오지 않으니 그냥 매일 지속해 나가는 수밖에 없는 것 같아요. 사실 저도 예전에는 한 번에 완성도가 생기기를 바라는 마음이 있었어요. 그런데 사실은 수없이 고치고 피드백 받는 과정들 속에서 깎여가는 것 같아요. 그 속에서 본질이 드러나게 되는데, 그 모습이 처음에 내가 느꼈던 영감과 딱 맞아떨어지는 결과물이 나오면 제일 좋은 거겠죠. 설령 처음에 떠올렸던 생각과 같은 모습이 나오지 않더라도 어쨌든 그 영감으로 시작이 된 거잖아요. 그런 면에서 의미가 있다고 생각을 해요. 어떤 모습일지 지금으로서는 알 수 없으니 반복하고 계속 고쳐 나가는 게 중요한 것 아닐까요?

지금까지의 이야기가 작가로서의 영감에 대한 이야기였다면, 일상에서는 어떤 영감들을 느끼나요?

───── 저는 영감이 기분이 좋은 상태, 업된 상태는 아니고 평온하게 잔잔한 상태에서 나온다고 생각하거든요. 그 상태를 유지하려고 노력하는 편입니다. 평소에 요가와 명상을 많이 하는데요. 그런 것들을 하면서 평정심을 찾으려고 노력하고 있어요. 들뜨는 기쁨이 아니라 잔잔한 행복이 지속적으로 느껴질 때 살아 있다는 게 느껴지는 거 있잖아요. 스스로 원하는 것들을 모두 이루지 못하더라도 그냥 이 정도면 좋다, 행복하다는 느낌이 들 때 오히려 뭔가 더 하고 싶어지고 용기가 생기는 것 같아요.

일상에서의 그런 순간과 영감이 작업 활동에도 영향을 주는 부분이 있나요?

───── 물론 영향을 미치죠. 20대 때는 예술가들이 약간 우울하고 기복이 심할 것 같다는 고정 관념이 있었어요. 그런 사람들만 창작을 할 수 있는 게 아닐까 하고 말이죠. 그래서 극단적인 정도까지는 아니지만 반듯한 이미지는 또 싫어서, 영감을 더 많이 받고 싶은 욕심에 그런 반듯한 이미지를 없애려고 노력한 적도 있었어요. 그런데 꼭 그렇지만은 않더라고요.

제 작업들은 평정심을 유지하는 방향에서 더 많이 완성되는 것 같아요. 거기에서 조금 더 역동적인 정도? 덕분에 제 영감들은 대체로 그 진폭이 크지 않은 것 같기도 합니다.

작가님의 작품이나 삶의 태도를 통해서도 다른 영감들이 쏟아져 나올 텐데, 이 영감들이 어떤 모습이었으면 하나요?
—— 무언가 창작해보고 싶은데 영감을 받지 못하거나 자기 자신을 믿지 못하고 있는 분들이 제가 쓴 무언가를 보고 힘을 낼 수 있다면 좋을 것 같아요. 제가 만든 창작물이 타인의 새로운 창작에 씨앗이 되는 형태도 좋을 것 같고요. 저도 그럴 때가 많거든요. 어떤 책이나 영화, 드라마 속 대사나 대중가요 가사를 통해 무언가를 쓰게 되기도 합니다. 마찬가지로 제가 만들어 낸 어떤 것으로부터 누군가가 자신만의 이야기를 할 수 있게 되는 것도 좋을 것 같아요. 서로의 영감을 주고받으며 모두가 행복해지는 것 말입니다.

실제로 작가님 글에도 보면 노래 가사나 책의 구절, 영화의 대사, 이런 것들이 모티브가 된 경우가 종종 있더라고요. 그런 것들이 주는 영감에 대해서는 어떤 마음인지 궁금합니다.
—— 타인의 창작물에서 느껴지는 것과 비슷한 부분을 저 역시 느끼고는 있었는데 저는 그것을 언어화하지 못하고

평온하게 잔잔한 상태를 유지하려고 노력하는 편입니다. 들뜨는 기쁨이 아니라 잔잔한 행복이 지속적으로 느껴질 때 살아 있다는 게 느껴지는 거 있잖아요.

지나가는 경우들이 있어요. 그럴 때 제가 막연히 느끼고 있던 것을 다른 창작자가 언어화해서 보여주면 '아, 이런 거구나' 하고 느끼게 되곤 합니다. 그럴 때 느끼게 되는 만족스러운 감정, 그게 각인되는 것 같아요. 특히 제가 빡빡한 일상을 사느라 놓치고 있는 좀 촉촉한 감성 같은 걸 깨워줄 때 더욱더 말이죠.

혹시 지금 기억나는 구절이나 영화, 가사 같은 게 있을까요?
──── 어떤 작품이 다른 세계로 저를 데려가서 그 장면 속에 있는 것처럼 만들어 줄 때 저는 마음을 빼앗기게 됩니다. 실제로 그 주인공이 되는 건 아니지만 관찰자의 마음으로 존재하게 해주는 것 같아 그럴 때 뭔가 느끼게 되는 것 같아서요. 영화를 예로 들자면, 저는 리처드 링클레이터 감독의 〈비포 시리즈〉를 좋아합니다. 이 작품 속에는 우리가 현실에서 느끼지 못하는 판타지가 있거든요. 그중에서도 특히, 〈비포 선라이즈〉에서 등장하는 다음의 대사 부분을 좋아합니다.

제시: 마치 꿈속의 세계에 들어와 있는 기분이야.
셀린: 우리가 우리 시간의 주인인 것 같아. 우리의 우주 같다고. 난 네 꿈속에, 넌 내 꿈속에 들어와 있는 기분이야.

제시: 진짜 멋진 건, 우리가 함께 보낸 이 저녁이 꼭 존재해야 되는 건 아니라는 거지.

셀린: 맞아. 그래서 초현실적인 것처럼 느껴지나 봐. 하지만 아침이 오면 우린 모두 호박으로 변하고 말겠지.

마지막 질문입니다. 작가님에게 영감이란 무엇인가요?

──── 삶을 예술로 만든다고 했을 때, 그 삶을 조금 더 나답고 즐겁게 살아가게 하는 동력이라고 생각합니다. 무언가 만나고 받아들이는 순간이라기보다는 그 순간을 잘 소화하고 난 후의 상태 말이죠. 가끔은 그런 영감에 대한 작은 두려움도 느끼곤 합니다. '나의 영감이 세상에 나가 어떤 울림을 줄 수 있을까?' 하는 생각도 하게 되고요. 솔직히 아직까지는 '내가 가진 영감은 모두 훌륭해' 하는 배짱은 없는 것 같아요. 언젠가 극복하고 싶은 부분이기도 하네요. 그런 마음을 가질 수 있을 정도로 제 영감을 잘 소화할 수 있었으면 좋겠습니다. 그럼에도 불구하고 제가 가진 영감을 통해 계속 쓰고자 하는 이유는, 하고 싶은 일과 더 잘하고 싶은 일이 거기에 있기 때문이 아닐까요?

Epilogue.

인터뷰를 하는 내내 자신의 생각을 매끄럽게 설명하는 조혜영 작가의 모습을 보며 글을 쓰는 사람은 확실히 다른 구석이 있구나 하는 생각을 했다. 자신의 감정이나 어조에 휘둘리지 않고 객관적인 시각을 유지하고자 하는 노력도 엿보였다. 가장 인상적인 것은 역시 영감을 대하는 작가의 태도였다. 날것 그대로의 영감을 자신의 언어로 표현하는 일에 어려움이 있다고 고백하면서도 자신의 작업을 통해 대중이 긍정적인 영향을 받았으면 좋겠다는 바람을 드러내던 조혜영 작가. 그렇게 삶 속에 흘러 들어온 영감을 잘 매만져 어떻게 사회와 소통할 수 있을지 고민하는 것 역시 그녀가 자신의 문장을 표현해 가는 길 위에서 빼놓을 수 없는 일이다. 아직까지는 스스로가 가진 영감 모두에 대해 훌륭하다고 말할 배짱이 없다고 했지만, 그런 태도를 가진 작가이기에 우리는 앞으로도 조혜영 작가가 쓰는 문장들을 기꺼운 마음으로 기다려 볼 수 있을 것 같다.

Interview

개인의
취향은 어떻게
영감이 되는가

Inspiration

09

Inspiration | 황순규

황순규.

꼭 하고 싶은 말들이 만든 세상

Prologue.

길스토리의 창작가 후원 캠페인 '아트 빌리지'가 2022년 문을 연다. 그 첫 번째가 통영 어촌 마을의 빈집을 재생하여 창작가들에게 영감을 주는 공간으로 재탄생시키는 프로젝트. 사실 이 엄청난 기획의 시작점에는 MBC 황순규 프로듀서가 있었다. 황순규 프로듀서가 연출한 빈집 재생 프로젝트 <빈집살래 in 서울>은 서울의 빈집을 재생해 내 집 마련의 꿈을 이루는 이야기를 담은 프로그램으로, 방송 이후 이미 뜨거운 반응을 얻은 바 있다. 그가 이번엔 <빈집살래 in 어촌> 편으로 길스토리와 함께했다.

프로그램에는 담아내지 못한 기획 및 제작의 뒷이야기를 들어보고 싶었다. 무엇보다 <빈집살래 in 어촌> 편을 기획하며 길스토리와 함께하게 된 이유가 몹시 궁금했다. 또한, 예술가와는 조금 결이 다른 창작자로서 프로듀서의 영감은 어디서, 어떻게 떠오르는지 알고 싶었다. <빈집살래 in 어촌> 편 촬영을 위해 통영으로 다시 내려가기 전, 길스토리를 위해 소중한 시간을 내어준 황순규 프로듀서를 상암 MBC 사옥에서 만났다.

INTERVIEWER 조혜영 | PHOTOGRAPHER 장도선

MBC 빈집 재생 프로젝트 〈빈집살래 in 서울〉은 어떻게 기획되었나요?

──── 우연히 보게 된 신문 기사 한 줄에서 시작됐습니다. 서울 집값이 천정부지로 오를 때였는데, 이와 반대로 서울에 빈집이 많고 게다가 빈집이 점점 늘고 있다는 기사였죠. 아이러니하게 다가왔어요. 서울시에 전화를 걸어 취재해 보니 서울시가 사 놓은 빈집이 300여 채 정도 있는데, 활용도 면에서 한계가 있더라고요. 서울에 내 집을 마련하고 싶은 사람들에게 빈집을 재생해 연결해주면 어떨까 하는 아이디어가 떠올랐고, 바로 기획안을 썼어요. 다행히 서울시에서도 이 기획을 좋아했고, 서로의 니즈가 맞아 프로그램을 제작하게 되었습니다.

프로그램이 방송되고 나서 반응은 어땠나요?

──── 아무래도 다큐멘터리이다 보니 대박이 나진 않았지만, 괜찮은 시청률이 나왔어요. 게시판의 반응도 뜨거웠죠. 나도 빈집을 통해 내 집 마련을 하고 싶다는 피드백이 많았어요. 서울시 쪽으로도 문의 전화가 많이 왔다고 하더라고요. 이후 빈집에 대한 정보를 공유할 수 있는 '빈집 플랫폼'이 오픈되었어요. 서울 편이 잘되어서 시즌 2로 〈빈집살래 in 어촌〉까지 이어질 수 있었던 것 같습니다.

5년이라는 시간 동안 알게 모르게 길스토리가 걸어온 길이 있었고, 그 길에 대한 공감이 있었기에 이루어진 일입니다.

〈빈집살래 in 어촌〉 편에는 길스토리도 함께한다고 알고 있어요.

―――― 어촌 편을 시작하기 전에 저희 팀이 두 달간 전국의 어촌 마을을 거의 다 다녔어요. 그 가운데 통영 달아마을을 선정하게 되었는데, 달아마을에 빈집이 총 여덟 채가 있었습니다. 처음 기획은 어촌의 오래된 빈집을 재생해서 귀어·귀촌인들이 잘 정착할 수 있도록 연결해주는 거였어요. 빈집 중 세 채는 귀어·귀촌인들이 살 집으로 정해졌는데, 나머지 다섯 채가 문제였어요. 서로 가까이 붙어 있다 보니 각각을 주거 공간으로 사용하기에는 무리가 있었죠. 그렇다고 다섯 채라는 큰 규모의 공간에 한 가족이 살 수도 없고요. 그때 길스토리 김남길 대표님이 떠올랐어요. 통영은 예향의 도시인 만큼 문화예술 NGO 길스토리에서 예술가들을 위한 '아트 빌리지'를 운영하면 좋을 것 같았습니다. 서울에 올라오자마자 급속도로 일이 진행되었어요. 대표님이 문화 예술 쪽에서 좋은 일을 하고 있다는 얘기를 이미 들어 알고 있었는데, 함께하게 되어 기쁩니다.

길스토리가 통영시로부터 '아트 빌리지'의 지원을 받을 수 있도록 도와주었다고 들었어요. 그 과정에서 힘든 점은 없었나요?

───── 김남길 대표님이 함께하는 것에 대해 통영시 쪽에서 다들 반가워했어요. 단, 여덟 채의 빈집이 모두 통영시 소유였기 때문에 협의 과정에서 서로 오해가 없도록 소통해야 할 부분들이 있었습니다. 시의 예산이 들어가는 일인데, 일반적인 민박이나 게스트하우스 형태로 운영된다면 달아마을 주민들과도 갈등을 빚을 수 있었죠. 그런 오해가 생기지 않도록 비영리민간단체로 오래 활동해온 길스토리를 통영시에 소개하게 되었어요. 마침 길스토리 5년간의 기록을 담은 『CUP Vol. 0』이 발간되어서 시장님에게도 전달했어요. 달아마을의 빈집을 재생해 문화예술인들의 창작 기지를 만들고 길스토리가 운영을 맡아준다면 빈집 재생 이상의 시너지가 생겨나리라는 데 합의가 됐어요. 통영시가 길스토리의 취지와 활동에 공감해주고 큰 결정을 내려준 덕분에 좋은 결과가 있었다고 생각합니다. 앞으로 '아트빌리지'에 머물며 창작 활동을 하게 될 창작가들도 통영시의 각별한 지원이 있었음을 알아주었으면 좋겠어요.

평소 길스토리에 대해 어떻게 생각하셨나요?
───── 길스토리의 선한 영향력을 좋게 보고 있었어요. 얼핏 보면 그 힘이 미미해 보일 수도 있지만, 절대 무시할 수 없다고 생각합니다. 방향성이 좋다면 시간이 지날수록

뭔가를 만들어내려고 애써 고민하지 않을 때 영감이 더 잘 떠오르는 것 같아요.

힘은 서서히 퍼져나가게 되어 있어요. 길스토리가 그런 것 같아요. 이름만 있고 활동이 미약한 NGO였다면 통영시가 선뜻 지원했을까요? 아니라고 봅니다. 5년이라는 시간 동안 알게 모르게 길스토리가 걸어온 길이 있었고, 그 길에 대한 공감이 있었기에 이루어진 일이라고 생각합니다.

김남길 대표님을 만나보니 어떤 사람이던가요? 파트너로서 마음에 들었나요?

─── 사실 NGO 활동이 돈 되는 일은 아니잖아요. 솔직히 처음 김남길 대표님이 길스토리를 한다고 들었을 때는 배우로서 홍보가 될 수도 있겠다 하는 정도로만 생각했었어요. 2, 3년 정도 하다가 그만둘 줄 알았는데 지금까지 꾸준히 하고 있더라고요. 세상에 선한 영향력을 전하려는 그 마음이 좋게 느껴졌어요. '아트 빌리지'를 통해 통영에서 또 어떤 영향력을 발휘하실지 기대가 됩니다.

빈집 재생 프로젝트를 진행하면서 보람을 느낀 적도 많을 것 같아요.

─── MBC 〈빈집살래〉는 집이 필요한 사람들이 빈집을 살 수 있도록 기회를 제공하고, 최고의 건축가들을 연결해주는 프로그램입니다.

신청한 분들은 내 집이 생겨서 좋고, 지자체에서는 빈집이 재생되어서 좋고, 우리 팀은 그 과정을 기록해 다큐멘터리로 만들 수 있어서 좋고요. 이 과정에 참여할 수 있다는 것 자체가 보람입니다. 길스토리가 추구하는 선한 영향력과 결이 같다고 생각해요. 폭발할 만큼의 영향력은 아니더라도 분명히 효과를 실감하고 있고, 그 속에 내 역할이 분명히 있다고 느낍니다.

통영 달아마을은 어떤 곳인가요? 창작가들에게 영감을 주는 공간인가요?

──── 통영 자체가 아름다운 도시라는 건 알고 있었지만, 달아마을은 더 특별하게 다가왔어요. '달아'라는 이름도 예쁘고, 달아마을의 노을도 장관입니다. 촬영하다가 문득 노을 지는 모습을 보게 되었는데, 저절로 머리가 비워지면서 힐링이 되더라고요. '아트 빌리지' 앞에 바다가 보이고 산책할 수 있는 공원이 있고, 저녁이면 아름다운 노을이 내려앉는데, 이보다 더 좋을 수는 없어요. 뭔가 만들어내야겠다는 생각을 하기도 전에 영감이 떠오르는 느낌이 들었습니다. 이번에 재생한 집들이 다들 백 년 정도 되었는데 오래된 흔적, 세월의 무늬 같은 것이 그대로 남아 있어요. 싹 밀어버리고 새로 짓는다면 더 편할 수 있지만,

건축가들과 협의해 세월의 흔적과 무늬를 살리는 쪽으로 진행되었습니다. 아마도 '아트 빌리지'에 머물면서 백 년 된 집들이 간직하고 있는 고유의 기억을 느껴보는 것도 영감을 얻는 데 도움이 되지 않을까 생각합니다.

다큐멘터리 프로듀서로서 영감을 정의한다면?
—— 어렵네요. 나에게 영감은 '피곤함'입니다. 영감이 매번 떠오르지도 않지만 떠오르는 순간 바로 기획안으로 만들어서 일을 추진해야 하니까요. 영감이 떠오르면 피곤해집니다. (웃음)

영감을 언제, 어떻게 얻는 편인가요?
—— 쉬면서 얻는 편인 것 같아요. 뭔가를 만들어내려고 애써 고민하지 않을 때 영감이 더 잘 떠오르는 것 같습니다. 이번 〈빈집살래 in 어촌〉 편도 쉬는 동안 아이디어가 떠올랐어요. 서울 편을 마치고 제주도에서 한 달간 휴가를 보냈었죠. 아무 생각 없이 지내고 있었는데, 관광지인 제주도에도 빈집이 많이 보이더라고요. 불쑥 이런 생각이 들었어요. '어촌에서 산다는 건 어떤 느낌일까?' '어촌의 빈집을 재생해보면 어떨까?' 휴가가 끝나자마자 서울로 올라와서 기획안을 들고 해양수산부를 찾아갔습니다.

앞으로 어떤 일들이
생길지 모르겠지만
긍정적인 마음으로
현재의 느낌에 최선을
다해 살고 싶습니다.

역시 영감을 받으면 피곤해지는 게 맞네요. (웃음) 도시의 빡빡한 일상에서 새로운 것을 만들어내기엔 한계가 있다고 생각합니다. 그런 의미에서 통영 달아마을에 '아트 빌리지'가 문을 열게 되어 개인적으로도 기뻐요. 기회가 된다면 '아트 빌리지'에 한 달 정도 머물면서 새로운 기획을 해보고 싶습니다. 〈빈집살래 in 어촌〉 편의 스핀오프 형식으로, 달아마을 '아트 빌리지'에서 창작 활동을 하는 아티스트들을 카메라에 담고 싶은 마음도 있습니다.

혹시 팀으로 일하면서 함께 영감을 느끼는 순간이 있나요?
─── 연출이라는 역할을 제가 맡았을 뿐, 저 혼자만의 프로그램이 아니에요. 회의실에서 함께 회의하고 현장에서 함께 촬영하는 과정에서 시너지가 나오는 순간이 분명히 있다고 느낍니다. 스마트폰에 메모해 둔 영화 대사가 있어요. 영화 〈국가부도의 날〉에서 김혜수 배우가 연기한 한국은행 통화정책팀장 한시현이 이런 말을 해요. "나는 팀으로 일해요. 끊임없이 의심하고 사고하는 것, 당연한 것을 당연하게 생각하지 않는 것, 항상 깨인 눈으로 세상을 바라볼 것, 저는 두 번은 지고 싶지 않거든요." 팀으로 일하는 사람으로서 이 말을 늘 기억하려고 합니다.

그렇다면, 현재 특별한 계획이나 꿈은 없는 건가요?

───── 그렇습니다. 일단은 지금 주어진 프로그램을 잘 마무리하자는 생각입니다. 저는 긍정의 힘을 믿는 사람이에요. 앞으로 어떤 일들이 생길지 모르겠지만 긍정적인 마음으로 현재의 느낌에 최선을 다해 살고 싶어요.

Epilogue.

특별하고 거창하진 않지만 자신의 자리에서 묵묵히 선한 영향력을 발휘하고 있는 황순규 프로듀서. 길스토리가 걸어가는 길 위에서 황순규 프로듀서를 만난 것은 결코 우연이 아니다.
그의 멋진 아이디어로 시작된 <빈집살래>. 이제 길스토리의 '아트 빌리지'에서도 창작자로 그를 다시 만날 수 있길 희망한다.
자신에게 영감은 '피곤함'이라고 말하는 그에게 어쩌면 미안한 부탁이 될지 모르겠지만 그가 계속 새로운 영감을 받을 수 있었으면 좋겠다. 그의 조금 불편한 피곤함이 세상에 또 어떤 영향을 끼치게 될지 궁금하고 기대되기 때문이다. 그의 피곤함이 세상을 위한 비타민이 되기를... 번뜩이는 영감과 발 빠른 실천력으로 조용히 세상을 움직이는 황순규 프로듀서의 길을 길스토리가 응원한다.

Interview

개인의
취향은 어떻게
영감이 되는가

Inspiration

10

Inspiration | 김남길

김남길.

'함께'
걸어가고
싶은 마음

Prologue.

사람이 이토록이나 일관성 있을 수 있을까. 길스토리 김남길 대표님을 인터뷰하면서 내내 든 생각이다. 사람 사이에서 서로에 대한 관심을 가지자는 것, 공동체가 주는 '함께'라는 가치를 회복하자는 것, 인사나 배려 같은 인간의 기본적인 태도를 지켜나가자는 것… 내가 길스토리의 프로보노를 시작한 5년 전부터 김남길 대표님으로부터 들었던 이런 말들은 지금도 전혀 바뀌지 않고 여전했다. 무언가가 여전하다는 건 그것이 진심이라서 가능한 일 아닐까. 일관성 있는 마음은, 그것이 진짜라는 증거이기에.

길스토리 사무실에서 김남길 대표님을 만나 인터뷰를 진행했다. 그는 드라마 촬영으로 한창 바쁜 중이었지만 길스토리 일정만큼은 미루는 법 없이 한걸음에 달려와 주었다. 배우로서 그리고 문화예술 NGO 길스토리 대표로서 수집하고 확장 중인 영감에 대해, 그리고 2022년 론칭 예정인 '아트 빌리지'에 관해 그와 진솔한 이야기를 나눴다. '아트 빌리지'는 길스토리가 새롭게 시작하는 창작가 후원 캠페인이다. 창작가들에게 영감을 주는 공간을 만들기 위해 김남길 대표님이 직접 나서서 통영시와 MBC의 후원으로 추진 중이다.

INTERVIEWER 손화신 | PHOTOGRAPHER 장도선

어떻게 '아트 빌리지' 건립을 추진하게 됐나요?

―――― 길스토리가 예술인들이 모여 있는 시민단체이다 보니 꿈을 가진 사람들이 환경 때문에 그 꿈을 포기하게 하지 말자는 생각을 했었고, 그들을 위한 공간을 마련하는 프로젝트를 이전부터 진행해오고 있었어요. 그런 공간은 빈집이나 비어 있는 상가 같은 걸 활용해서 마련해보면 좋겠다고 생각해 알아보고 있던 참에 MBC에서 〈빈집살래 in 어촌〉이라는 프로그램을 통해 통영시 달아마을의 빈집을 재생하는 프로젝트에 함께하자고 제안을 해왔어요. 마침 우리도 그런 공간을 찾고 있었던 터라 같이 해보자고 했습니다.

'아트 빌리지'로 빈집을 활용하겠다는 생각은 어떻게 했나요?

―――― 사실 처음부터 빈집을 활용해야겠다는 생각을 한 건 아니에요. 저는 개인적으로 집이라는 공간이 중요하다고 생각하거든요. 집이라는 안정적인 공간이 있어야 꿈을 펼치든 일을 하든 여러 가지 사회적인 활동을 할 수 있다고 생각해요. 하지만 도시 재생이나 지역 소멸 문제가 소셜 어젠다가 된 지 오래됐잖아요. 계속 '소멸'과 '재생'에 대한 화두로 빈집에 대해 관심을 갖고 회의를 하면서 이런 생각들을 발전시켰던 것 같아요.

이젠 조급하지 않게
사람들 사이에
스며들어서
오래가야겠다는
생각이 큽니다.

어촌의 빈집은 오래 방치된 집이라서 걱정도 많았을 것 같은데요.

─── 사람이 살았던 온기가 없으면 집도 망가지니까 오래 방치됐던 만큼 음습함을 없애야겠다는 생각이 가장 많았어요. 그래서 바람이 잘 통하고 볕이 잘 드는 게 중요한 것 같아요. 물론 리모델링을 통해서 외관은 좋아지겠지만 그 공간이 주는 기운이라는 걸 무시할 수 없거든요. 가령 사무실 인테리어는 화려하고 좋은데 안으로 들어가면 왠지 기분이 나쁘다거나, 어떤 사무실은 허름하더라도 편안해서 일이 잘된다거나 하는 그런 기운 같은 게 있으니까요.

'아트 빌리지'를 건설한다고 했을 때, '이런 공간이었으면 좋겠다' 하고 머릿속에 딱 떠오른 이상향이 있었나요?

─── 어떤 특별한 공간이라기보다는 사람들이 와서 쉬면서 창작에 대한 영감을 얻어 갈 수 있으면 좋겠다는 생각이 들었어요. 그래서 기본적인 것들이 잘 갖춰진 곳이었으면 했습니다. 예를 들면, 잠자리가 깔끔하고 화장실 쓰는 것이 불편하지 않고… 그냥 내 집같이 느낄 수 있었으면 했어요. 해가 잘 들고 바람이 잘 통하고 편안하고 시끄럽지 않은 그런 공간이면 좋겠다고 생각했죠.

Inspiration | 김남길

기본적인 것들이 잘 갖춰졌으면 하셨는데요, 건축가분들에게 기본적인 것에 더해서 특별히 주문한 것이 있었나요?

─── 창작 공간과 잠자는 공간 구분을 명확히 해달라고 했어요. 그리고 창작 공간에서 답답하지 않게 바깥의 풍경을 바라볼 수 있었으면 좋겠고, 그래서 큰 통창으로 창작 공간과 동네의 풍경이 연결될 수 있는 공간을 만들어줬으면 좋겠다고 했었죠.

그리고 길들을 만들어달라고 했어요. 바깥에서 창작 공간으로 걸어 들어오는 길의 정서가 있었으면 좋겠다고 했습니다. 집들 사이에 여유 공간이 있고, 이곳에 온 사람들이 편하게 이야기할 수 있는 뒷마당이나 걸을 수 있는 공간들을 자연 친화적으로 설계해달라고 부탁드렸습니다. 조명이 너무 밝으면 생태계에 피해를 줄 수 있기 때문에 은은하게 해달라고 한 것도 그중 하나였어요.

더 세세하게 신경 쓰신 부분이 있나요?

─── 마을에 원래 있던 집들과 '아트 빌리지' 건물이 잘 어우러졌으면 좋겠다는 걸 특히 강조했습니다. 지붕 같은 것도 마을 사람들이 살고 있는 지붕과 같은 자재를 쓴다든지 해서 너무 두드러져 보이지 않고 오랫동안 그곳에 살았던 사람들이 거부감이 없었으면 했어요.

통창을 통해 창작
공간과 동네의 풍경이
연결되길 바랐어요.
그리고 길들을 만들어
달라고 했어요.

도심 안의 창작 공간과 다르지 않다면 굳이 통영까지 내려올 특별한 이유가 없을 것 같아서요. 창작 공간이라고는 하지만 쉬어 갈 수 있는 공간이 포함되어야 한다고 생각했어요. 하늘도 보다가, 바람을 느끼다가, 나무를 보다가, 바다를 보다가... 창작을 위한 영감을 얻기도 하고, 아니면 그냥 그 자체만으로 위안을 얻었으면 했습니다.

만일 대표님이 '아트 빌리지'에서 한 달 동안 거주하게 된다면 어떤 일을 하면서 보내실 건가요?

─── 아무것도 안 하고 있을 것 같아요. 평소에 집에서도 그러지만, 영감을 얻으려고 애쓰기보다는 그 공간에 스며들어서 한 달 정도 아무 생각 안 하고 편안하게 보내고 올 것 같아요. 누군가 그러더라고요. 바다를 보고 뭔가를 빌거나 다짐이나 각오를 하지 말라고. 바다를 보는 방법은 아무 생각 안 하고 보는 거라고. 그래서 저도 바다를 보면 아무 생각이 안 들어요. 바다를 보듯 그 집에서 잘 쉬고 싶어요. 잘 쉬어야 일도 잘하고, 충전도 해야 앞으로 나갈 수 있는 거니까요.

미래의 '아트 빌리지' 방문자들에게 한마디 해주신다면.

─── 강압적이고 강박적인 것들에서 벗어나서 자유롭게

쉬다 가셨으면 해요. 하늘 한 번 보다가 멀리 있는 바다 한 번 보다가... 그렇게. 창작 공간이라고 해서 특별히 창작을 해야 하는 게 아니라, 사람들이 편안한 마음으로 유니크한 것을 느끼고 영감도 얻을 수 있으면 좋겠습니다.

대표님은 어떤 장소나 공간에서 주로 영감을 얻나요?
────── 저는 집에 있는 걸 좋아하고, 집이라는 공간을 중요하게 생각해서 집으로부터 영감을 얻는 것 같아요. 집에 있을 때의 안정감을 좋아합니다. 그런 안정적인 공간이 있어야 꿈을 펼치든 활동을 하든 할 수 있다고 생각해요. 반면, 새로운 곳도 좋아해요. 영감이란 게 익숙한 곳에서 오는 영감이 있고, 익숙하지 않은 곳에서 오는 영감도 있다고 생각하는데, 익숙하지 않은 곳에서 영감을 받을 때면 익숙한 곳에 돌아와서 그 영감을 확장시킵니다.

집 이외에 좋아하는 장소, 영감을 받는 새로운 장소는 예를 들면 어떤 곳이 있나요?
────── 골목길인 것 같아요. 그 골목길 안의 사람들로부터 이런저런 걸 많이 느껴요. 그리고 사람들이 살아가는 모습을 보면서도 영감을 많이 얻습니다. 지방 국도로 차를 타고 지나가다가도 아파트 한 채가 덩그러니 서 있으면 '저기에

밖에 나갔다가
창작 공간으로 돌아오는
길에 그 길만의 정서가
있었으면 좋겠어요.

들어가 보고 싶다', '저기 사는 사람들과 차 한잔하며 이야기 나누고 싶다' 하는 생각을 해요. 그래서 '시골버스' 캠페인을 하면서 좋았던 게, 젊은 외지 사람이 그 마을에 가니까 마을 분들이 '어디 가?', '뭐 찾아?' 이렇게 말을 걸어주시는 거예요. 또 '여기 민박이 없나요?'라고 물어보면 '여긴 민박은 없어. 우리 집에서 자', '여기 버스 없어, 내 차 타' 이러시는 게 정감 있고 너무 좋더라고요. 사람과 사람 사이의 정이라고 할까요, 그런 것들이 요즘은 많이 사라지다 보니 늘 그립고, 그런 정을 바라는 것 같아요.

꼭 공간이 아니더라도 '배우 김남길'에게 영감을 주는 것이 있다면 무엇인가요?
—— 연기에 있어서 가장 영감을 많이 받는 건 노래인 것 같아요. 가사를 중요하게 듣는데, 어떤 곡의 가사를 듣고 내가 표현하고 싶은 캐릭터의 이미지를 떠올립니다. 그림처럼 머릿속에서 그려진달까. 예를 들면 김동률의 〈잔향〉을 듣고 있으면 절망적인 상황 한가운데 있는 남자의 얼굴 표정, 떨어지는 눈물 같은 구체적인 장면 하나가 떠올라요. 그런 식으로 음악에서 전달되는 정서를 이용해서 평소에 내가 상상하는 캐릭터의 이미지를 구축해놓습니다. 그리고 후에 그 캐릭터를 적절한 작품에 녹이곤 해요.

영감이 떠오르면 그걸 어떻게 기록하나요?

──── 예전에는 메모를 했는데, 메모를 하는 순간 그게 인위적으로 보이더라고요. 그래서 요즘은 이미지를 계속 머릿속에서만 생각하고 집에 와서 그 기억해둔 이미지를 확장해봐요. 확장에 성공하게 되면 연기할 때 적용하기도 합니다.

그럼 문화예술 NGO 길스토리 대표로서의 영감은 어디에서 얻고 있나요?

──── 뉴스를 보거나, 사람들이 어떤 사연을 갖고 어떤 문제를 지니고 사는지 사회 돌아가는 걸 살피면서 얻는 것 같아요. 내가 살고 있는 일상 속에서 '이런 것이 있어야겠다' 싶은 게 떠오르기도 해요. '따듯한 관심' 캠페인도 그런 맥락에서 기획했던 건데요, 저는 인사를 정말 중요하게 생각하는데, 요즘은 서로에게 관심이 적고 그만큼 인사도 잘 하지 않는 것 같아 아쉽게 느껴졌고, 이런 아쉬움이 곧 영감이라면 영감이었던 것 같습니다.

길스토리가 품은 목표를 한마디로 표현해 주세요.

──── 길스토리는 공동체의 삶을 중요하게 생각합니다.

하늘도 보다가,
바람을 느끼다가,
나무를 보다가,
바다를 보다가...

끝으로, 길스토리가 앞으로 나아가려는 길의 방향성이 궁금합니다.

―――― 시민단체로서 성과를 많이 보여주고 싶었고, '우린 이런 일을 합니다' 하고 눈에 띄는 것들을 많이 쌓아가고 싶어서 조바심도 많이 들었어요. 하지만 지금은 조급하지 않게 사람들 사이에 스며들어서 오래가야겠다는 생각이 커요. 엄청난 업적을 많이 보여드리지 못하더라도 사람들과 함께 꾸준히 계속하고 있는 게 중요하다고 생각합니다.

Epilogue.

함께 걸어 나아갈 길, 그 위의 우리. 김남길 대표님은 길스토리를 처음 세울 때 품은 가치를 꾸준한 발걸음으로 지켜가고 있었다. 그 마음이, 그가 품은 가치관이 어떤 주제의 질문을 던져도 그 답변 안에 녹아들어 있었기에 길스토리 프로보노의 한 사람으로서 나는 자부심을 느끼지 않을 수 없었다. 사람들과 다정히 함께이기를, 언제나 함께 행복하게 잘 살기를 바라는 그의 마음은 앞으로도 쉬지 않고 나아갈 것이다. 그걸 알기에 우리는 그의 꾸준한 발걸음을 따라 걷고 또 걸으며 오늘도 그와 함께한다.

관객과의 만남이 저한테는 연료 같은 역할을 합니다.
창작은 제가 하지만 창작을 할 수 있는 에너지는
관객에게서 얻는 것 같아요.

- 강백수

Photo by Kim Nam-gil

저 역시 모든 순간 내리는 답들이 완벽하지 않을 테고,
나이가 들어가면서 생각은 계속해서 바뀌겠죠.
그렇다고 할지라도 이렇게 미숙한 답을 내리고 사는
누군가가 여기에도 있다는 걸 이야기해 주면,
누군가에게는 도움이 되지 않을까요?

- 최별

서로가 나눌 수 있는 것들이 있다는 게 좋은 거죠.
더 응원해주고, 더 도와주고.
그러면서 에너지를 얻는 것 같아요.

- 박소희